Bescherelle

espagnol

les exercices

Isabelle Merlin

Agrégée de l'Université

Conception graphique : Anne Gallet ▲ Mise en page : Anne-Danielle Naname

© Hatier, Paris, février 2009 - ISSN : 2101-1249 - ISBN : 978-2-218-93451-3

mode d'emploi

Un outil complet

• Cet ouvrage propose un travail d'appropriation, de consolidation et de réflexion permettant la maîtrise de la langue espagnole.

• Il a été conçu comme un complément de l'ouvrage *la Grammaire espagnole* dans la même collection **Bescherelle** mais il peut s'utiliser indépendamment de celle-ci.

• Tous les points clés de la grammaire espagnole y sont explorés.

Un outil pour tous les publics

• Les exercices ne sont pas organisés en niveaux de difficulté. L'utilisateur est libre de « piocher » en fonction de ses besoins et de ses doutes. Toutefois, il lui sera plus profitable de faire tous les exercices portant sur un point de grammaire donné afin de bénéficier de l'entraînement le plus complet.

• Une révision préliminaire peut être nécessaire. Il suffit de se reporter pour chaque chapitre aux paragraphes correspondants de la *Grammaire*. Les renvois à ces paragraphes, indiqués à l'aide du symbole §, permettent une révision ciblée.

• L'ouvrage s'adresse à un large public – lycéens, étudiants, adultes – et peut être utilisé en toute autonomie. Tous les exercices sont intégralement corrigés. Il est conseillé de les faire en temps limité et de ne consulter les corrigés que pour valider les réponses.

Cet ouvrage de la collection **Bescherelle** est associé à des compléments numériques : un ensemble d'exercices interactifs supplémentaires sur les principales difficultés de la langue espagnole.
Pour y accéder, connectez-vous au site **www.bescherelle.com**.
Inscrivez-vous en sélectionnant le titre. Il vous suffira ensuite d'indiquer un mot clé issu de l'ouvrage pour accéder librement aux diverses ressources liées à la collection **Bescherelle** en espagnol.

sommaire

Oral et écrit

1 Dans le texte suivant, écrivez les accents toniques si nécessaire.

Teodoro no se atreve *(oser)* a salir del portal. Lo primero que piensa es que hoy es fiesta y que la gente continua en sus casas. Un instante despues, sin embargo, comprende que eso no es posible. Aunque fuese fiesta, esa circunstancia no podria explicar tanta soledad. Tal vez los vecinos del barrio se hayan ido en bloque del barrio. Tal vez continuen en sus casas, aterrorizados por un peligro que el aun no conoce. Sigue cavilando *(réfléchir)*, tratando de encontrar razones, y el silencio, mientras tanto, le va envolviendo en oleadas *(vagues)* cada vez mas espesas. Parece como si saliese del fondo de todas las cosas. No es, desde luego, el silencio de los dias festivos, ni siquiera el que precede las emboscadas. Es, mejor, el silencio que sigue la muerte.

Javier Tomeo, La ciudad de las palomas, Ed. Anagrama, 1989.

2 Écrivez un accent tonique sur les mots suivants si nécessaire.

la democracia • el diente • viable • la via • la huida • la policia • el baile • el maiz • el maizal • el frio • la miopia • una friolera

3 Écrivez les accents toniques chaque fois que c'est nécessaire. Attention au sens des mots en gras.

1. En el siglo xviii estaba de moda el **rape** *(tabac à priser)* entre los aristocratas.

2. Hace años, cuando me encontre con el, no le conoci porque en la mili le habian cortado el pelo al **rape**.

3. Nada mas volver, se comio una buena **raja** de melon y otra de sandia para la merienda.

4. Fijate, se ha enfrascado en un novelon cuya intriga corresponde a la epoca del ultimo **raja** de la India.

5. Les sorprendio bastante que un chico tan **lucido** se haya dejado embaucar *(embobiner, duper)* tan facilmente.

6. ¡Estais **lucidos**! asi fue como nos acogio tras enterarse de lo sucedido.

7. Este no sabe ni **papa** y me fastidia que se las de de listo.

8. ¿Seras tu de esos hombres a quienes se les cae la baba cuando se vuelven **papas** por primera vez?

4 Rétablissez les accents grammaticaux.

1. Me dijo que si varias veces, y total, nada, no aparecio cuando le esperabamos para las seis. ¡Que chasco nos llevamos!

2. –Cuando estemos con el, no se te olvide enseñarle el documento del que hablamos ayer. –No te preocupes, no se me olvidara enseñarselo.

3. Llamenos a las dos si quiere que le contestemos precisamente, y digale a su colega que todo saldra bien.

4. –Tu y yo somos amigos, ¿verdad que si? –Si, pero si sigues molestandome, a lo mejor se acabara pronto la amistad. –¡Que va!

5. –No te des la vuelta, que nos estan mirando. –Si que estan mirandonos, pero ¿por que?

6. –No hay quien pueda con este chico. –¿Con quien? –Con el chico de al lado, el que tiene aquel perrazo. –¡Ah, este! –Si, este.

5 Rétablissez les accents toniques dans le texte suivant.

Pero de todas las ciudades posibles seria la mas extraña, si no la mas temible, la populosa ciudad de las estatuas, habitada unicamente por criaturas de marmol o de bronce, angeles de yeso *(plâtre)*, crucificados de plastico, maniquies de cabeza calva y miembros desquiciados *(déboîtés)*, cabezas cortadas en las alacenas *(placards)* oscuras de las sombrererias *(chapelleries)* y estatuas de cera que, obedeciendo a la contraseña *(signe de ralliement)* de don Luis Buñuel, huyeran de los museos al amparo de la noche y fueran a posarse como grandes mariposas *(papillons)* al fondo de los zaguanes *(vestibules)*, detras de las esquinas, en medio de las plazas, sembrando en todas partes el mismo escalofrio *(frisson)* que provocaban en las iglesias antiguas las melancolicas estatuas de los monaguillos que ofrecian en la penumbra humeda un cepillo *(tronc)* de limosnas y tenian, a la luz de las velas, un brillo palido en sus rostros de niños embalsamados.

Antonio Muñoz Molina, *El Robinson urbano*, Ed. Seix Barral, 1993. D.R.

Le groupe nominal

2 | Le nom

Genre du nom

§ 46-53

6 Mettez l'article défini qui convient devant les noms suivants.

miel • dolor • sangre • aceite • leche • Garona • clave • Pirineos • sal • calma • dilema • labor • estratagema • tesis • sor

7 Complétez les phrases suivantes par l'article défini.
Attention au sens des mots en gras.

1. ¿Qué burradas *(âneries)* habrá hecho ... **calavera** *(tête brûlée)* de tu primo?
2. Por falta de vocaciones ... **cura** de nuestro pueblo tiene que recorrer toda ... comarca para celebrar misas.
3. Mandaron a ... antidisturbios para restablecer ... **orden**.
4. Para financiar su asociación, se subastaron *(mettre aux enchères)* ... **pendientes** y demás joyas de una actriz famosa.
5. Con ... escarcha *(givre)* ... **pendiente** que lleva al puerto se vuelve peligrosa.
6. ... **cura** de aguas que me prescribió ... médico me quitó parte de ... **dolores**.
7. Cuando vivíamos cerca del cuartel, varias veces al día se oía ... grito de "¡A ... **orden**!".
8. Me impresionaron ... **calaveras** amontonadas en ... catacumbas.

8 Complétez les phrases suivantes par l'article défini.

1. Entre ... Garona y ... Loira, ¿cuál es el río más caudaloso?
2. Preferimos esquiar en ... Pirineo que en ... Alpes aunque a veces falte nieve.
3. ... calor de Ecija me agobia y me voy corriendo a buscar ... frescor del Cantábrico.
4. ... *mares del sur* fue una de las novelas de Manuel Vázquez Montalbán que más me ha gustado.
5. Los navegantes se hicieron a ... mar al amanecer.
6. Los submarinos nucleares hundidos en ... Báltico representan un peligro para el planeta.
7. Gracias a la mecanización, ... labores del campo resultan menos agobiantes.

Nombre du nom

9 Mettez au pluriel les noms suivants.

una cruz • un color • el árbol • un tabú • un clavel • un alhelí *(giroflée)* •
un iraní • la pared • un rubí • un bambú • una actriz • el rey

10 Mettez au pluriel les noms suivants en veillant à l'accent tonique.

un colchón • la situación • el mitin • un examen • el eslogan • el andén •
un limón • un motín • un crimen • el eslabón

11 Mettez au pluriel les groupes nominaux suivants.
Attention à l'accent tonique.

1. el árbol frondoso
2. un niño charlatán
3. un payés *(paysan)* fornido *(robuste)*
4. un volumen impresionante
5. un pájaro saltarín *(sautillant)*
6. el lápiz romo *(émoussé)*
7. un régimen democrático

12 Mettez au singulier les groupes nominaux suivants.

1. análisis específicos
2. artistas albaneses
3. hipótesis ingeniosas
4. feligreses devotos
5. nubes grises
6. toses cavernosas
7. camareros corteses

13 Mettez au pluriel les noms ou groupes nominaux entre parenthèses.

1. Las (tesis) y los (análisis) que defienden algunos (líder político) son
más que discutibles.
2. Los (alquiler) acaban de subir y están por las (nube) y por consiguiente
mis (papá) sólo podrán quedarse unos (mes) en este piso.
3. Los (fantástico espécimen) que acaban de descubrir estos (científico)
permitirán completar las (futura colección) del nuevo museo.

4. Los (gol) que marcaron los (jugador) fueron espectaculares y sensacionales.

5. Dieron las doce en todos los (reloj) de la ciudad; de repente se apagaron las (luz) y muchos se sobresaltaron por ya no estar acostumbrados a (semejante apagón).

6. Los (pescador) luchan por su poder adquisitivo, pero de seguir así los (pez) escasearán tanto que unas (especie) podrían llegar a desaparecer.

7. ¡Qué gusto oler los (jazmín) y fantasear en los (jardín) entre (rosal) y (arrayán)!

Diminutifs

§ 61-68

14 Quel est le diminutif des noms suivants ?

la llave • un barco • la rueda • una siesta • el abuelo • el cofre • un chico • un alfiler • un tren • una nuez • una canción • un dolor • el coche

15 Remplacez les noms entre parenthèses par leur diminutif.

1. ¡Qué (calle) más empinada y oscura!

2. Esta criatura tiene unas (manos) y unos (pies) monísimos.

3. Sopla un (viento) helado y me voy a resguardar en este (rincón).

4. –¿Qué desea el (señor)? –Tráeme dos (panes) de chocolate con una (taza) de café con leche.

5. Sólo se divisaba una (luz) al fondo del pasillo.

6. Tenía mucho miedo y hablaba con una (voz) destemplada.

7. Quedamos en encontrarnos a las tres en aquella (plaza).

8. El (hombre) era muy poquita cosa; tenía un (cuello), unos (brazos) y unas (piernas) de nada.

9. Acabamos de comprarnos una casa con un (jardín).

10. No parece pero este (sol) de primavera pica bastante.

Nominalisation

§ 69-75

16 Soulignez les adjectifs substantivés.

1. Le tengo manía a todo lo rojo, en cambio lo azul me relaja bastante.

2. Lo extraño del caso es que nadie se lo haya tomado en serio.

3. Lo duro es aguantar las altas temperaturas de los invernaderos, pero todo lo aguantas cuando no hay más remedio.

4. Para muchas mujeres, lo difícil es compatibilizar la vida laboral y la vida familiar, y así a muchas les queda lo peor.

5. En esta novela, lo interesante es que el punto de vista cambia sin cesar y lo bueno es que participas de lo ocurrido.

6. No os imaginéis que lo caro siempre es de buena calidad, ni que lo barato no vale nunca nada.

17 Transformez en noms les infinitifs des phrases suivantes à l'aide d'un déterminant (article ou adjectif possessif).

1. No puedo aguantar a Ignacio, … reír me pone nerviosa.

2. Esta modelo tiene … andar bastante lánguido.

3. Se pasa la vida sentado a una mesa; parece que sólo le importan … beber y … comer.

4. … vivir solo desde hace tanto tiempo le ha convertido en un misántropo.

5. El gran volquete *(benne)* del camión bascula en … chirriar de chatarra *(grincement de ferraille)*.

6. Nos despertó … piar de los gorriones *(moineaux)*.

7. Cállate un poco: … hablar nos marea.

8. … galopar de los caballos levantaba mucho polvo.

9. Es un gran placer leer … *Cantar de* … *cantares*.

10. La primera égloga de Garcilaso de la Vega empieza por "… dulce lamentar de dos pastores."

Articles   § 76-99

18 **Faut-il ou non des articles indéfinis dans les phrases suivantes ?**

1. –Si te viene bien, nos veremos dentro de … media hora. –Mira, preferiría dentro de … hora y media.
2. Lástima que les haya pasado esto, pues eran … chicos simpatiquísimos.
3. –Quisiera zanahorias *(carottes)*, por favor. –¿Cuántas? – … medio kilo y me pondrá también … puerros.
4. Los vecinos del pueblo avisaron a la policía porque … borrachos estaban alborotando.
5. Necesito … tijeras *(ciseaux)* que corten bien; las mías no valen nada.
6. –¿Cuánto te dijo que le había tocado? –Me parece que … cien mil euros.
7. Los dos socios no consiguieron cerrar el contrato y quedaron en reunirse … otro día.
8. Me faltan … cuantos euros para comprarme … pantalones floreados para el verano.

19 **Ajoutez, si nécessaire, l'article défini.**

1. –¿Vienes a … caza *(la chasse)* con nosotros? –No, no me gusta … caza.
2. –¿Dónde se habrá metido Rafa? –Pues mira, estará en … casa de Sofía, es … casa recién construida.
3. … martes solemos reunirnos con unos amigos para tocar la guitarra y pasarlo bien.
4. –¿A qué hora empiezan … clases de ruso? –¿Por qué preguntas si no vas? –Es que de manera general no me gusta ir a … clase.
5. Algunos sienten nostalgia por … España de … 80.
6. A … cincuenta años ya es hora que sientes cabeza *(devenir raisonnable)*, ¿no?
7. Estamos a … lunes 14 y para … lunes 21 tendrán que estar listos todos los pedidos.
8. A … señora … ministra de defensa no la impresionan sus nuevas responsabilidades.
9. A su bisabuelo León le condenaron a … presidio *(bagne)* y se quedó cinco años en … presidio de Ceuta.
10. … España se desarrolló muchísimo gracias a su integración en … Unión Europea.

20 Complétez par des articles définis.

1. Su familia estaba con … alma en un hilo *(morte d'inquiétude)* por no tener noticias suyas.

2. … ave tenía … ala derecha estropeada y no pudo desplegar … alas para alzar el vuelo y juntarse con … demás aves.

3. Le atraía tanto … África subsahariana como … América austral.

4. En … arca encontrarás sábanas limpias.

5. Es poco probable que suban los salarios, … arcas *(les caisses)* están vacías.

21 Traduisez les phrases suivantes.

1. Nous revenons du marché avec de nombreux paquets *(bolsas)*.

2. Mardi soir, nous allons au concert écouter des musiciens polonais.

3. Avoir des enfants est une décision importante.

4. Je n'aime pas aller au supermarché le samedi.

5. Parle-moi des dernières expositions que tu as vues.

22 Complétez le texte suivant par les articles qui conviennent.

Dentro había … paquete de pañuelitos de papel, … peine, … barra pintalabios, … monedero, … cartera de piel haciendo juego con … bolso, … facturas de restaurantes, … polvera, … lápiz de ojos, … pistolita automática … 7,65 de cachas de nácar, cargada, y … foto de … tipo sonriente y guapo con … dedicatoria en la que decía: "Te querré siempre. René."

… cabello era rizado, … sonrisa insinuante, pero … ojos decían a … claras que uno no debía fijarse en esas cosas.

© Juan Madrid, *Cuestión de peso*, art. *El País Semanal*. D.R.

Partitif   § 100-104

23 Traduisez les phrases suivantes.

1. Los empresarios quieren ayuda del gobierno para edificar casas baratas y los futuros propietarios piden crédito gratuito y reembolsos a largo plazo.

2. Cuando vuelvo tarde del trabajo me preparo bocadillos con pan de molde *(pain de mie)*, mahonesa, ensalada, jamón y pepinillos. Bebo un poco de vino, pero sobre todo agua muy fresca.

3. La ayuda humanitaria consiste en mandar dinero pero también comida y medicinas a los países en vías de desarrollo.

24 Traduisez les phrases suivantes.

1. Je voudrais du pain de seigle *(centeno)* pour manger avec des huîtres *(ostras)*.
2. Beaucoup d'humour, du talent, du courage, c'est ce que l'on exige de nos employés.
3. Nous avons besoin de temps pour améliorer la qualité de nos produits.
4. Fais-lui du café pour le réveiller.
5. « Veux-tu encore de cette tarte aux pommes ? – Juste un morceau *(trozo)* avec de la crème *(nata)*. »

Démonstratifs
§ 105-117 et § 240

25 Soulignez les adjectifs démonstratifs et entourez les pronoms démonstratifs. Expliquez ce qui les différencie.

1. Quisiera esta bici pero con el sillín de ésa roja.
2. Esta camisa no sienta con este pantalón pero ésa sienta mejor con aquél.
3. Los hinchas del Real Madrid y los del Barça pelearon después del partido: hubo más heridos entre aquéllos que entre éstos.
4. Esto no me ha gustado nada: no repetiré, porque gastar tanto dinero en un espectáculo como éste no merece la pena.
5. No puedes imaginarte lo que fue aquello: un horror.
6. –Me vendría bien esta lámpara. –¿Cuál? –Ésta; la que está en el estante de la derecha.

26 Complétez les phrases suivantes par des adjectifs ou des pronoms démonstratifs.

1. No creo que … actor convenga para un papel tan dramático.
2. –… trasto viejo que ahí está, ¿qué es? –¿ … ? Yo qué sé… *(Qu'est-ce que j'en sais…)*
3. Entre … chicos que expresan su parecer y … hipócritas que disimulan, prefiero a los primeros.
4. No me llevo … corbata *(cravate)*, tampoco …, sino la del escaparate.
5. … son pruebas que no valen; … sí que servirán.
6. En … tiempos, te hablo yo de los años 50, circulaban pocos coches en España.

7. … ordenador portátil es de Sonia, … es de Penélope, y … que allí ves me parece que es de Elena.

8. Imposible aparcar en … tramo por ser zona prohibida, es que te van a multar.

27 Traduisez en complétant les amorces données.

1. J'ai trié les fruits ; prends ceux du dessus.
He seleccionado la fruta, coge … .

2. Ce jean ne me va pas, et en plus je préfèrais ceux de l'autre boutique.
Estos vaqueros no me sientan, y además prefería …

3. Laisse ces sacs, ce sont ceux des enfants, ils les porteront eux-mêmes.
Deja esas bolsas, son …

4. Cette fille est sympathique, mais celle avec qui tu es venue hier ne l'était pas.
Esta chica es simpática, pero …

5. Ces VRP sont ceux qui convainquent le plus de clients.
Estos viajantes son …

6. Parmi les candidats, celui qui doit faire un discours porte un costume gris foncé.
Entre los candidatos, …

7. « Qui est le porte-parole du gouvernement ? – Celui que tu vois là-bas, à l'entrée de la salle. »
–¿Quién es el portavoz del gobierno? –…

8. Le voyage de l'année dernière était passionnant, pas celui de cette année.
El viaje del año pasado era apasionante, …

Possessifs

§ 118-127 et § 241

28 Traduisez les phrases suivantes.

1. Ils parlèrent longtemps de leurs expériences.
2. Leur sort *(suerte)* m'inquiète beaucoup.
3. Son triomphe nous a fait plaisir.
4. Leurs valises *(maletas)* ont été abîmées.
5. Monsieur, quelles sont vos intentions *(intenciones)* ?
6. Madame, votre lettre recommandée *(carta certificada)* vient d'arriver.
7. Claire ! Louis ! Descendez, votre taxi est arrivé !

29 Traduisez les phrases suivantes.

1. –¿Son tuyas esas botas de esquiar? –No, son de Valeriano.
2. Tu alfombra es más espesa que la mía y es de mejor calidad.
3. –¿De quién es el coche que está mal aparcado? –Es mío. –Pues si es suyo, cámbielo de sitio.
4. Nos gusta su país, sus costumbres, tan diferente del nuestro, de nuestras tradiciones.
5. Hijo mío, haz como tu hermana; ten más cuidado con tus prendas.
6. Oye, me he llevado tu libro en vez del mío; en cuanto a los suyos, han quedado en la mesa.
7. –Mis recuerdos son algo borrosos, ¿y los tuyos? –¿Los míos?, igual.
8. Señores: sus beneficios van aumentando y los resultados de su fábrica son alentadores.

30 Complétez par l'adjectif ou le pronom possessif qui convient.

1. Javier siempre se equivoca y me da rabia: en vez de coger ... paraguas se lleva ...
2. ¡Cuánto me gusta ... piso, señor La Fuente; sobre todo desde que hemos vendido ...!
3. Fue un amigo ... que vive en el pueblo quien me dio ... señas, chicos.
4. Ellos suelen opinar cuando en realidad no le importa a nadie ... parecer.
5. ¡Qué ásperas están ... manos! Tienes que untarlas con crema.
6. No critico lo que haces sino ... condiciones de trabajo; prefiero ... .
7. ¿Qué es de ... vida, señora? Hace mucho que no tengo noticias ... .
8. El anciano descansaba a la sombra; a ... alrededor jugaban ... nietos.

31 Traduisez les phrases suivantes. Attention aux possessifs en gras.

1. N'y touche pas ; c'est **à moi** ; je te dis que c'est **le mien**.
2. Laisse cette raquette *(raqueta)* ; c'est **la sienne** ; **la tienne** est là-bas.
3. Où sont les sacs à dos *(mochila)* ? **Les vôtres** sont ici, mais où sont **les nôtres** et **les leurs** ?
4. « Pablo, je crois que c'est ta montre. – Non, c'est celle de Javi ; oui, c'est bien **la sienne**. »
5. « C'est **à toi** ou c'est **à lui** ? – C'est **à lui**. »

Cardinaux et ordinaux
§ 128-137, § 194-197 et § 242

32 Ajoutez *y* là où il le faut. Puis écrivez le nombre correspondant.

1. sesenta ... seis: ...
2. cuatrocientos ... doce: ...
3. setecientos ... veinte ... cuatro: ...
4. dos ... mil ... siete: ...
5. mil ... quinientos ... treinta... ocho: ...
6. cincuenta ... tres ... mil ... setenta ... uno: ...
7. ochocientos ... setenta ... nueve ... mil ... cuarenta ... cinco: ...
8. diez ... seis ... millones ... cuatro: ...

33 *Ciento* ou *cien* ? Écrivez en toutes lettres les nombres en gras.

1. **101** euros es el dinero que llevo.
2. ¿Cuántas carpetas necesitas? **–100**.
3. Estoy de acuerdo contigo en un **100**%.
4. ¿Cuántas has contado? **–102**.
5. Acaban de decomisar *(saisir)* **100** cajetillas de tabaco de contrabando.
6. Según los datos oficiales los manifestantes eran unos **100.000**.

34 Écrivez en toutes lettres les nombres suivants et faites les accords nécessaires.

1. 452 sillones
2. 900 avestruces
3. 1702 macetas
4. 3513 frascos de perfume
5. 300.000 palabras

35 Écrivez en toutes lettres les nombres cardinaux.

1. Algunos recuerdan con nostalgia la revolución estudiantil que se verificó en 1968 en París.
2. Tengo un viejo Seat 127 desde hace 21 años.
3. ¿Te suena esta fecha: 1515?
4. En 1998 se celebró el centenario del nacimiento de García Lorca.
5. ¿Te recuerda algo importante el año 711?

6. El siglo XXI empezó en 2001.

7. ¿Qué es capicúa *(nombre palindrome)*? Por ejemplo: 3113.

8. –¿De cuántos sellos se compone tu colección? –De momento sólo de 100.

36 Écrivez en toutes lettres les nombres ordinaux.

1. Carlos I de España es más conocido como Carlos V emperador.
2. Luis XIV se casó con la infanta María Teresa.
3. El nombre de Carlos III viene en muchos monumentos de Madrid.
4. Isabel II no tiene la fama de Isabel I.
5. En tiempos de Alfonso II el Casto se descubrió el sepulcro de Santiago.
6. A Alfonso X, le llamaron el Sabio.

Indéfinis
§ 141-160 et § 243-247

37 Complétez par *mucho* ou *poco*. Attention aux accords.

1. Siempre se está quejando diciéndome que tiene ... suerte.
2. Prepáranos unos bocadillos; tenemos ... hambre y también ... sed pero desgraciadamente ... tiempo para comer.
3. –¿Son ... o son ... los estudiantes de esta aula? –Son cincuenta.
4. Llevo ... dinero conmigo y no puedo invitarte a tomar una copa.
5. Sólo somos cinco en ir a clase de pintura; somos ... y es una lástima pues la profesora se merece ... más alumnos.
6. ¿Cuántas horas son para ir en avión a Barcelona? – Si sales de París, ...
7. Estamos encantados; ... veces lo hemos pasado tan bien.
8. Es perezoso y además tiene ... voluntad.
9. ¿Te quedan bastantes sobres *(enveloppes)*? – Sí, todavía me quedan ... .
10. En este hotel ... habitaciones dan al mar, y es una lástima.

38 Complétez par *mucho*. Analysez bien la structure de la phrase et faites l'accord si nécessaire.

1. Uno de los acusados tenía ... más circunstancias atenuantes que el otro, pero manifestaba ... más agresividad.
2. Nosotros los jóvenes tenemos ... menos oportunidades de trabajo que nuestros padres, pero gozamos de ... más libertad.
3. No seas tan nostálgico y no digas que somos ... menos felices que hace algunos años porque no es cierto.

4. Ahora los regímenes políticos me parecen … más democráticos que en los años 70, ¿verdad? –Sí aparentemente, pero a veces no respetan … más los derechos humanos.

5. ¡Cuánto han crecido Jaimito y Luis! ¡ya son … más altos que tú y también son … más fornidos!

39 Choisissez entre *poco*, *bastante* et *demasiado*. Attention aux accords.

1. Había … coches aparcados en todas partes, apenas si se podía pasar.
2. No enciendas … luces, que nos vas a arruinar.
3. –¿Cuántos kilos le añado? –Ninguno. Ya tengo … .
4. –¿Cuántos seréis 10 ó 15? –Lo siento, sólo 5. –Seréis … entonces.
5. ¿Tienes … sitio o necesitas más para instalarte?
6. Prefiero comprar más tela, porque me parece que tengo … .
7. Nos avisaron que dejáramos de mandar productos de primera necesidad; ya tenían …
8. Los tripulantes estaban cansados por haber dormido … horas.
9. Tengo … prisa, no puedo demorarme *(m'attarder)*, ya tendría que estar en la estación.
10. Se han ido … partícipes. Somos … los que nos quedamos.

40 Complétez les phrases par *alguien* ou *nadie*.

1. No te pongas así, si no te dice … que salgas ahora.
2. He visto a … que andaba merodeando *(en train de marauder)*.
3. No le importa a … lo que pueden decir estos hombres políticos.
4. –¿Con quién estabas hablando? –Con … a quien no conoces.
5. –¿Os ha oído …? –No, … .
6. No nos molesta que venga con …, al contrario.

41 Selon le sens de la phrase, complétez par *ambos* ou *sendos* et accordez-les.

1. … actrices recibieron … premios por su excelente actuación.
2. … infantas llevaban … gargantillas de brillantes.
3. … jinetes iban en … garañones *(étalons)*.
4. No me hables mal de ellos; soy amiga de … .
5. –¿Cuál de las dos prefieres? –…
6. Después de bañarse en el mar cogieron … toallas y se fueron a duchar.
7. Anda, ayudadme, coged … bultos.
8. Costaba conocerlas desde lejos pues … llevaban … trajes oscuros.

42 Choisissez l'indéfini qui convient pour exprimer la quantité.

1. Es una pena pero hubo … espectadores para el estreno.
2. Antes de irte, averigua que tienes … dinero.
3. –Te ha gustado, ¿verdad? –Sí, … .
4. –¿Queréis que os saque más juguetes? –No, ya tenemos … .
5. No fuimos al cine ayer por haber … cola.
6. –¿Te echo más salsa? –Sí, por favor, pero … .
7. Le dijo al delegado que renunciaba, que era … responsabilidad.
8. Ante … crisis nadie sabía cómo reaccionar.
9. ¿Por qué le temes …?
10. Habían pasado … hambre y … sed y apenas si se podían tener en pie.

43 Complétez par *cualquiera*. Faites l'accord et l'apocope si nécessaire.

1. Su padre la echó de casa diciéndole que era una … .
2. –¿Qué disco quieres escuchar? –… .
3. … habitación me conviene con tal que esté limpia.
4. … cosa que diga siempre me llevas la contraria.
5. … que sean las circunstancias siempre lucharemos por la justicia.
6. No se trata de un sentimiento … sino de una pasión destructora.
7. … que sean tus convicciones políticas no puedes decir que Che Guevara era un hombre …
8. Os váis a pasar 20 horas en avión así que no escojáis … compañía aérea.

Interrogatifs et exclamatifs § 161-164 et § 248-249

44 Soulignez les interrogatifs.

¿Y, Alicia? ¿Qué te parece todo esto? ¿No te da pena pensar que Mario murió en el Salvador y que Charlie se arrojó al metro y que don Raúl murió en su ley y que nadie ha vuelto a saber nada de Greta? ¿Y por qué demonios te va a dar pena si no los conociste? ¿Y por qué demonios tendrías que haberlos conocido? ¿Y cómo demonios los habrías podido conocer si eras todavía una colegiala cuando el último de ellos murió? ¿Sabes por qué se arrojó al metro Charlie? ¿Te interesa saber cómo era Charlie y cómo sólo un tipo como él se pudo tirar al metro por una cosa así?

Alfredo Brice Echenique, *A veces te quiero mucho siempre*
(Magdalena Peruana y otros cuentos), © 1986.

45 Complétez les phrases par l'interrogatif qui convient.

1. ¿... coches ha fabricado Seat este año?
2. Recuérdame ... es el actual jefe de gobierno en España.
3. ¿... sabe ... se tarda para ir de Madrid a Sevilla con el AVE?
4. ¿... películas te gustan, y ... son tus actores preferidos?
5. ¿... me podría indicar cómo se va a la Plaza de Cataluña?
6. ¿... son las obras de Neruda más conocidas? ¿... has leído tú? ¿Muchas?
7. Dime con ... estabas charlando ayer en el mercado.
8. Pero, ¿... estáis haciendo, niños?
9. ¿... fueron los que estropearon el mando del televisor?
10. ¿... veces te hemos repetido que no queríamos volver a verle?

46 Choisissez les exclamatifs qui conviennent.

1. ¡... delgada estás y ... figura más estupenda tienes!
2. ¡... caro está todo con las fiestas!
3. ¡... come este chiquillo! ¡... tragón es!
4. Mira ... tráfico hay por esta avenida. ¡... atascada está!
5. No puedes imaginar ... ganas tengo de veranear en Palma.
6. ¡... oportunidad más fantástica! ¡Aprovéchala!
7. ¡... me cuesta resolver este problema!
8. Recordad ... bien lo pasábamos juntos cuando éramos adolescentes.

Accord de l'adjectif qualificatif §§ 166-170

47 Accordez, si nécessaire, les adjectifs entre parenthèses.
1. Una de mis mejores amigas es (marroquí).
2. La premio Nobel Rigoberta Menchú es (guatemalteco).
3. En el colegio tenemos una bibliotecaria (andaluz).
4. La azafata que nos atendió era (portugués).
5. La alcazaba es una construcción (árabe).
6. Me llamo Montse y soy (catalán).

48 Accordez, si nécessaire, les adjectifs entre parenthèses.
1. Les dio una orden (tajante).
2. Esta estudiante es (animoso) y (empollón).
3. El agua (termal) (embotellado), ¿vale o no?
4. La cotorra es un ave (exótico) y (parlanchín).
5. Los pisos de la planta (superior) cuestan más que los de la planta (bajo).
6. María es de índole (rebelde) pero puede ser (encantador).
7. Esta tesis (innovador) no va a gustar, ¿verdad?
8. ¡Qué (delgado) está ahora Betina con lo (regordete) que estaba el año pasado!

49 Accordez (si nécessaire) les adjectifs entre parenthèses.
1. camisetas (azul marino)
2. vestidos (azul)
3. unas enaguas (rojo)
4. una blusa (rojo claro)
5. ojos (negro)
6. uniformes (verde oliva)
7. sábanas (blanco)
8. una peluca (castaño claro)

Apocope § 171

50 *Santo* ou *san* ? À vous de jouer.
1. La iglesia de … Tomé está en Toledo.
2. Todos decían del alcade que era un … varón.
3. En … Pedro de Cardeña estuvieron los sepulcros del Cid y de Jimena.
4. Uno de los claustros más hermosos es el de … Domingo de Silos.
5. … Lorenzo sufrió el martirio en una parrilla *(grill)*.
6. Hay que ver el famoso "Balcón" de Goya en … Antonio de la Florida.
7. Siempre me ha impresionado el martirio de … Catalina.
8. Soy tan escéptico como … Tomás.

9. A cada puerco le viene su ... Martín.

10. –... Toribio: ¿sabes quién es? –Es un prelado del siglo v.

51 Complétez ces phrases par *grande* ou *gran*.

1. Se considera que Carlos III fue un ... rey.

2. ¡Qué casa más ... te has mandado edificar!

3. Muchos consideran que este mediador es una ... persona.

4. Nos citamos a las siete en un cine de la ... Vía.

5. Hizo ... esfuerzos para llegar primero en la carrera.

6. Esta mezquita es la más ... de las que hemos visitado.

7. El tejado del pajar *(grenier à paille)* se desplomó *(s'effondrer)* y me dio un ... susto.

8. Me impresionan las ciudades demasiado ... como México.

9. Se ha firmado la paz: es una ... noticia.

10. Este pantalón me queda ... .

52 Traduisez les adjectifs entre parenthèses. Attention à l'accord et à l'apocope.

1. La última puesta en escena de *Yerma* que vimos era muy ... *(bon)*. –Sí, era un ... *(bon)* espectáculo.

2. Lo agradable es que siempre está de ... *(bon)* humor.

3. –¡Qué tiempo más ... *(beau)* hace! –Sí, hace muy ... *(beau)*.

4. ¡Qué ... *(bon)* idea ir a merendar a orillas del Tajo!

5. ¡Huy! ¡Qué ... *(bon)* es este jamón!

53 Écrivez en toutes lettres les nombres suivants.

1. Aquí somos 61 inquilinos.

2. Hasta la fecha sólo he escrito 201 páginas.

3. –¿Cuántos días hay en octubre? –31.

4. Eduardo tiene 51 años pero no los aparenta.

5. Vivo calle Princesa, número 1.

6. En este tinglado *(hangar)* están almacenados 21 taburetes y 41 mesas.

54 Complétez par *uno*, *alguno* ou *ninguno*. Attention à l'accord et à l'apocope.

1. Que esté claro ... vez por todas.

2. Vendremos a visitaros ... que otro día.

3. –¿Cuántos necesitas? ¿..., dos, o tres más? –No necesito ... .

4. –No conozco a ... de los autores a quienes acabas de citar. –¿De verdad? ¿Ni siquiera a ...?

5. –¿Tiene Vd ... bolígrafo que prestarme? –Lo siento, no tengo...

6. ... día tendremos que ajustar las cuentas.

7. ... fin puede justificar tales medios.

8. ¿Cómo se encuentra? ¿Se nota ... mejoría?

9. No sintió dolor ... porque se desmayó *(s'évanouir)* en seguida.

10. Este chico orgulloso no acepta consejo ... .

55 Traduisez les phrases suivantes.

1. La première fois que je l'ai vu, je ne me suis pas sentie très à l'aise *(sentirse a gusto)*.

2. J'ai eu du mal à lire le premier chapitre, mais à partir du troisième, j'étais sous le charme *(embelesado/a)*.

3. On disait de lui que c'était un homme grand et non un grand homme.

4. Il faisait si mauvais qu'il était impossible de faire une bonne promenade.

5. Je regrette, je n'ai aucune idée, aucun projet *(proyecto)* à vous proposer.

6. Nous avions allumé un bon feu dans une grande cheminée *(chimenea)* pour cette première après-midi d'hiver.

Comparatifs et superlatifs   § 172-185

56 Le comparatif : traduisez les termes entre parenthèses.

EXEMPLE : Sus últimas canciones no son *(aussi)* optimistas *(que)* de costumbre.

▷ Sus últimas canciones no son **tan** optimistas **como** de costumbre.

1. Esos chiquillos son *(aussi)* parlanchines *(que)* sus compañeritas.

2. Me parece que ahora los veranos son *(moins)* soleados *(que)* los de mi niñez.

3. Este monte es *(plus)* alto *(que)* los demás.

4. Eres *(moins)* fuerte *(que)* tu hermano pero *(aussi)* valiente *(que)* él.

5. Esta aspiradora es *(moins)* cara, pero sin embargo *(plus)* potente *(que)* ésta.

6. Con las vacaciones, el teatro está casi *(aussi)* vacío *(que)* anoche.

7. La Costa Brava es *(plus)* rocosa *(que)* la Costa de la Luz.

8. El Norte Cantábrico es una zona *(moins)* concurrida *(que)* Andalucía.

57 Traduisez les phrases suivantes.

1. C'est le film le plus cher de l'histoire du cinéma.
2. Le mois d'août est en général le plus chaud *(caluroso)* de l'année.
3. C'est le jardin le plus soigné *(cuidado)* de tous.
4. Cette voiture est celle qui pollue *(contaminar)* le moins.
5. Ce ministre est le plus populaire du gouvernement.

58 Remplacez *muy* + adjectif par l'adjectif au superlatif en -*ísimo*.
Attention aux accords.

1. Era una mujer **muy vieja** y **muy culta**.
2. A mí me daría miedo vivir donde tú, pues tu casa está **muy aislada**.
3. Las playas del Atlántico son **muy largas** y así no se molesta la gente.
4. Estuvimos **muy impresionados** por la amplitud de la movilización popular.
5. El domador *(dompteur)* no se atrevió a entrar en la jaula por ser el tigre **muy feroz**.
6. Tómate un vaso de agua, está **muy fresca** y da gusto beberla.
7. La campiña de Normandía es preciosa y **muy feraz** *(fertile)*.
8. Niños, cuidado con no quemaros; el agua está **muy caliente**.
9. Lo pasamos bien cenando y a la huéspeda le salió todo **muy rico**.
10. Esta película es **muy pesada** y poco interesante.

59 Mettez les adjectifs qualificatifs en gras au superlatif absolu (attention aux accords).

EXEMPLE : –Me encanta este pastel por lo **bueno** que es.
–Sí, es buenísimo.

1. –¡Qué **sabio** era aquel catedrático! –Sí, era … y era un placer escucharle.
2. –El perro de San Bernardo es **fiel**. –Sí, … y además valiente.
3. –A este coleccionista no le gustan más que los muebles **antiguos**. –Sí … y por lo tanto caros.
4. –Me da lástima este anciano; parece **pobre**. –De hecho es … y nadie cuida de él.
5. –Plácido Domingo, Luciano Pavarotti y José Carreras son tres tenores **célebres** en el mundo entero. –Sí, son … pero bien se lo merecen.
6. –¡Qué gusto comprar en esta verdulería con lo **amable** que es la dependienta! –Sí, es … y servicial.

7. –Me parece **cruel** mantener encerrado a un hombre en una celda *(cellule)* de unos pocos metros cuadrados. –Sí, es ... e inhumano.

8. –El médico le recomendó ir a la sierra para gozar del air **salubre**. –De hecho es ... y le vendrá muy bien para curarse del todo.

9. –Supongo que la reacción después de la decisión de congelar los salarios será **fuerte**. –Sí, ... y habrá que estar alerta.

10. –Era **agradable** recorrer las alamedas de aquel pueblo. –Sí, era ... y lo recuerdo con nostalgia.

60 Traduisez ces phrases.

1. Ce nouveau produit n'est pas aussi compétitif que le précédent.

2. J'ai choisi les places *(localidades)* les moins chères pour ce concert.

3. Le train est aussi pratique que l'avion pour les petits parcours *(recorridos)*.

4. C'est le meilleur endroit pour construire l'usine *(fábrica)* : c'est le plus agréable et le mieux desservi *(comunicado)*.

5. Cet immeuble est plus ancien que celui-là, mais c'est le moins délabré *(destartalado)*.

6. Santo Domingo de Silos est l'un des plus beaux monastères de la région.

7. Malgré la grève *(huelga)*, les gens ne paraissaient pas aussi énervés *(nervioso)* que d'habitude.

8. C'est le pire automne depuis dix ans : c'est le plus pluvieux *(lluvioso)*, le plus venteux *(ventoso)*.

Pronoms personnels § 201-208 et 213-230

61 Soulignez les pronoms personnels dans le texte suivant.

A ti te gusta mucho la música; por eso te he regalado un tocadiscos.
Ahí lo tienes. Un tocadiscos y dos discos de esos grandes con canciones
de… Bueno, tú ya sabes que yo nunca me acuerdo de los nombres.
Y ahora está ahí, sonando al fondo del pasillo, en la cocina donde tú
pasas tu tiempo, mientras yo permanezco aquí sentado delante del vaso
de vino que no me apetece y del libro abierto que no puedo leer.
–¿Quieres emborracharte?, pues toma vino. Toma y bebe cuanto quieras
–me dijiste.

Hermógenes Sáinz, *La plegadera*, Ed. Acervo.

62 Traduisez ces phrases.

1. « Quand vous le pourrez, envoyez-moi l'argent. – Je viens de vous
l'envoyer. »
2. L'as-tu rencontrée hier ou aujourd'hui ? Quand lui as-tu parlé pour
la dernière fois ? Que lui as-tu raconté ? Où l'as-tu laissée ?
3. Qu'est-ce que j'ai à voir *(tener que ver)*, moi, avec cette histoire *(lío)* ?
Je ne me sens pas concerné *(concernido)*. Et vous, monsieur, qu'en
pensez-vous *(parecer)* ?
4. Les enfants, nous vous avons demandé si ce n'était pas trop loin pour
vous.
5. C'était eux qui avaient découvert ce vaccin *(vacuna)* et ils l'avaient
commercialisé assez rapidement.

63 Complétez par le pronom personnel qui convient.

1. Me di prisa porque detrás de … se oían pasos.
2. Hola, soy Pepe, ¿te acuerdas de … ?
3. Empezaron a correr tras … pero nos escabullimos *(se faufiler)* entre
la gente.
4. Mucho mejor que cada uno mire delante de … y que no se distraiga.
5. A … no me lo preguntes, que estoy poco enterado.
6. Ella declaró que prefería guardar la mochila con … .
7. Chica, Sergio se desvive por … , correspóndele o por lo menos hazle
caso.
8. Álvaro siempre se enfurece: es imposible discutir con … .

64 Complétez par le pronom personnel qui convient.

1. –¿Vendrás a ver …, a Mamá y a mí? –Todavía no lo sé; … … anunciaré en cuanto … decida, pero por … no … molestéis, … … arreglaré sola.
2. –Nos dijo Juanito que según … no había ningún problema para que saliéramos de viaje. ¿Y a … qué te parece? –A … … parece estupendo.
3. Conmigo no cuenten. No podré estar con … y … lamento, pero … … ha averiado el coche y el mecánico no … … devolverá a tiempo.
4. El aprendiz de chófer … dio cuenta de que detrás de … se había formado un atasco y … puso muy nervioso.
5. El maestro se llevó al niño aunque no quería ir con … por no haber … acostumbrado aún al colegio.

65 Récrivez les phrases suivantes et faites l'enclise.

EXEMPLE : ¿Nos estás espiando? ▷ ¿Estás espiándonos?

1. Les está entrevistando: está … .
2. Nos están observando: están … .
3. Lo estoy registrando: estoy … .
4. ¿Le sigues telefoneando? ¿Sigues …?
5. Les seguimos escribiendo: seguimos … .
6. Lo vamos visitando: vamos … .
7. Se están peinando: están … .
8. ¿Lo seguís leyendo? ¿Seguís …?

66 Remplacez le complément par le pronom personnel adéquat.

EXEMPLE : Voy a despertar a Juan: le voy a despertar.

1. Van a rebajar estos trajes: … van a rebajar.
2. Vamos a repartir las mercancías: … vamos a repartir.
3. Estás redactando una reseña: … estás redactando.
4. Tenéis que devolver el expediente mañana: … tenéis que devolver.
5. Vamos a difundir esta noticia: … vamos a difundir.
6. Voy a grabar este documental: … voy a grabar.
7. He de vaciar el piso el jueves: … he de vaciar.
8. Queremos comprar este ático: … queremos comprar.
9. Sigo viendo a Álvaro: … sigo viendo.
10. Vamos a descorrer las cortinas: … vamos a descorrer.

67 Complétez les réponses en faisant une double enclise. Attention aux accents.

Exemple : –¿Te compro el jersey que vimos el otro día paseando?
–Sí, cómpramelo.
1. ¿Le has anunciado que desistíamos? ¿No? Pues … .
2. ¿Hemos de decirle a Beti lo que acaba de pasar, ¿verdad? – Sí, … .
3. ¿Le has devuelto el DNI? No, pues … .
4. –¿Os apetecería que os guisáramos una zarzuela para la noche?
–Sí, … .
5. –¿Te va bien si le indicamos cuáles son las nuevas salidas para nuestros productos? –Sí, … .
6. –¿Señores, les acercamos los coches ahora mismo? –Sí, … .
7. No nos importa que ustedes les expongan los fallos del sistema, al contrario, … .
8. –¿Te echo las cartas al salir? – Sí, … .

68 Modifiez les phrases sur le modèle suivant.

Exemple : El entrenador les indicaba los obstáculos que había que salvar: **se los** indicaba.
1. El conferenciante le enseña las obras maestras del Prado a su grupo: … … enseña.
2. El niño travieso le propina puntapiés al perro: … … propina.
3. Le tengo que recordar a menudo el número de mi cuenta corriente a mi banquero: … … tengo que recordar.
4. Los Reyes Magos le traerán una muñeca a mi hermanita: … … traerán.
5. ¿Le vas a explicar el problema? ¿… … vas a explicar?
6. Para Navidad, siempre le regalaba a su mujer un viaje al Trópico: … … regalaba.
7. Mi socio le ha llevado todos los expedientes a la secretaria: … … ha llevado.
8. El capataz les imponía horas extra a los peones: … … imponía.
9. El delegado del personal le anunció al jefe que convocaba una huelga: … … anunció.
10. Le advirtió que se esmerara más la próxima vez: … … advirtió.

Traduction de « on »

69 Mettez les verbes entre parenthèses à la tournure impersonnelle.

1. Algunas cosas fundamentales se (deber) conocer antes de comenzar el viaje:

2. La compañía transportista no es responsable de las etapas intermedias que se (tener) que realizar.

3. En los billetes de avión se (indicar) que los horarios no están garantizados.

4. Si la espera supera las dos horas tenemos derecho a que se nos (indemnizar).

5. Si nos encontramos con algún problema en la habitación se (deber) avisar a recepción para que lo subsanen *(remédier à)*.

6. Si no es así, se (utilizar) las hojas de reclamaciones que se (dirigir) a la Dirección General de Turismo de la Comunidad Autónoma.

7. También se (haber) de tener claro si la agencia o el mayorista tiene corresponsal en destino, si es que viajamos al extranjero.

8. En caso de overbooking si lo que más nos importa es disfrutar de nuestras vacaciones, tenemos que exigir que se nos (hospedar) en un hotel de categoría igual o superior.

70 Analysez les phrases suivantes puis conjuguez le verbe entre parenthèses.

1. Se (suponer) que después del accidente tardarán bastante en restablecer el tráfico ferroviario.

2. No se (poder) divisar el horizonte por la bruma de mar.

3. Ahora se (multar) a los conductores que llaman por teléfono.

4. En casi todos los museos se (despachar) las entradas de antemano.

5. En esta comarca se (contratar) a gente de fuera para recoger la fruta.

6. Con las lluvias del otoño pasado se (inundar) varios pueblecitos.

7. Se (buscar) médicos rurales para que la población no tenga que recorrer demasiados kilómetros.

8. Siempre es recomendable leer atentamente los documentos que se (firmar).

34 III LE GROUPE NOMINAL

71 Choisissez la tournure la plus appropriée comme équivalent du « on » français.

1. Cuando (ser) peatón o ciclista siempre tiene miedo a que le (atropellar).
2. Durante años en Madrid lo (estar destripando) todo.
3. Para reducir el consumo en la empresa ya no (encender) tantas luces de noche y no (poner) tanto aire acondicionado.
4. Si no (saber) de informática le será difícil desenvolverse en el mundo empresarial.
5. Por la sequía (prohibir) llenar las piscinas y regar los jardines.
6. "La vida se encarga de (ir quitando) las ilusiones", solía decir la abuela.
7. Con Internet (estafar) aún más fácilmente a la gente poco precavida.
8. Cuando las manifestaciones, (bajar) los cierres metálicos de las tiendas.

72 Traduisez les phrases suivantes.

1. Cette année, on prévoit un hiver précoce.
2. Lorsqu'on est jeune, on ne pense pas à la retraite *(jubilación)*.
3. En rentrant du travail, on se détend *(relajarse)*.
4. Dans cette exposition, on peut se promener et aussi acheter des produits.
5. « Qu'avez-vous décidé ? – On hésite encore *(seguir vacilando)*. »

Traduction de « en » et « y »   § 231-236

73 Traduisez ces phrases.

1. Nous avons trop de stocks *(existencias)* et nous ne savons pas quoi en faire.
2. « Vous n'avez plus ce modèle ? – Non, mais nous en avons d'autres. »
3. Si nous y allions, ce serait pour te donner un coup de main *(echar una mano)*.
4. Ce sont de nouveaux fournisseurs *(proveedores)*. Plus j'y pense, plus je les trouve formidables.
5. Je voudrais trois sucettes *(pirulíes)* au citron et j'en voudrais aussi deux à l'orange.
6. « Tu vas à Valence pour les Fallas ? – Oui, j'y vais. »
7. « Nous allons organiser un meeting, vous y viendrez ? – J'en doute. »
8. C'est un grand magasin ; on y trouve de tout.
9. Es-tu sûre de me l'avoir transmis ? Je ne m'en souviens pas.
10. Je vous ai commandé dix litres de peinture, et il m'en faudrait cinq de plus.

Pronoms relatifs

74 Utilisez les relatifs adéquats dans les phrases suivantes.

1. Hay etapas de la vida … no se pueden olvidar.
2. … calla otorga.
3. Tenían grandes armarios encima de … guardaban las maletas.
4. Viajamos al lado de una chiquilla … no dejó de gesticular.
5. Era una campesina pobre a … llevaron de criada a Madrid.
6. Esto suele ocurrir en los casos más prosaicos de … llamamos la vida.
7. No te preocupes, no repetiré nada de … me has contado.
8. … maldicen de los demás no merecen ninguna consideración.

75 Complétez par *quien*, *quienes* ou *que*.

1. Conocí a una mujer estupenda … vivía en una chabola y para … lo esencial era cuidar de los niños abandonados.
2. … lleva la voz cantante es la subsecretaria del partido.
3. Gracias por vigilar a esos pilletes … siempre están haciendo alguna tontería.
4. Llamamos varias veces a la puerta de Clara, … no nos contestó.
5. Los cursillistas *(stagiaires)* a … te presenté eran los más dinámicos de todo el cursillo.

76 Reliez les deux éléments de la phrase à l'aide de *cuyo/cuya/cuyos/cuyas*. N'oubliez pas les prépositions.

Exemple : Era una mujer voluntariosa; su ánimo nos maravillaba.
▷ Era una mujer voluntariosa **cuyo** ánimo nos maravillaba.

1. Es un chico solitario; ignoramos su paradero.
2. Pronunció un largo discurso; su conclusión dejó atónitos a los oyentes.
3. Era una actriz guapísima; soñaron con su físico varias generaciones de adolescentes.
4. Afortunadamente seguía siendo una zona silvestre; sus paisajes atraían a numerosos senderistas.
5. Se incorporaron nuevas socias en la empresa; su personalidad nos asombra a todos.

77 Équivalents de « dont » (le… duquel…). Complétez par le relatif qui convient.

1. Es una candidata … sería muy molesto prescindir.
2. En el desván descubrí un rimero de novelas en … lectura me había enfrascado de pequeño.
3. El ministro recibió a los mediadores dos … eran venezolanos.
4. El atleta … hablaron ayer en televisión acaba de sufrir una lesión.
5. Riñó con su principal socio … puntos de vista no compartía.

78 Reliez les deux propositions par le relatif qui convient.

1. Este ciclista es gallego; los reporteros no paran de hablar de él.
2. ¡Qué cambiado está este parque; por sus avenidas solíamos perseguirnos en monopatín!
3. Se está muriendo el roble; entre sus ramas anidaban tórtolas.
4. A lo lejos se veían los montes de León; en sus laderas pacían rebaños *(troupeau)* de ovejas.
5. Eran unos pilluelos *(garnements)*; en el pueblo se pasaban el tiempo maldiciendo de ellos.

79 Équivalents de « dont ». Traduisez les phrases suivantes.

1. Vous me parlez d'un garçon dont je ne me souviens pas du tout.
2. Nous allons à Lanjarón, dont les eaux sont réputées *(famosas)*.
3. C'est une candidature intéressante dont nous devons discuter.
4. Luis Buñuel, dont vous aimez les films, était aragonais comme Goya.
5. Cette secrétaire dont je viens de recevoir le C. V. *(currículo)* m'a l'air très efficace.

80 Équivalents de « où ». Traduisez ces phrases. Attention aux mots en gras.

1. C'était **le village où** il était né ; **l'année où** il revint il trouva que tout avait changé.
2. **La région d'où il est originaire** *(oriundo)* est une des plus désertiques du pays.
3. **De là où nous sommes**, nous apercevons tout le Sardinero.
4. Les skieurs savent exactement **par où passer**.
5. Je crois que c'était pendant **les mois où** il y eut tant d'inondations.

Le groupe verbal

Ser ou *estar*   § 268-270

81 Complétez les phrases suivantes par *ser* ou *estar* au présent.

1. … deprimente ver en qué han convertido el litoral mediterráneo.
2. Por favor, ¿dónde … la rueda de prensa de esta tarde?
3. El café con leche que … en la barra, ¿para quién …?
4. *De donde … los cantantes*, ¿no … éste el título de una novela?
5. Por … de viaje de momento, el director no puede atender su demanda.
6. Mateo … enfermo y … descansando en su habitación.
7. No comas demasiada grasa, … malo para la salud.
8. ¿… dispuestos a implicaros o seguís vacilando?
9. –¿De qué género … esos trajes? –Me parece que … de lino.
10. En el grupo … diez, y Sonia … la única forastera ya que … de Lugo, los demás todos … de la provincia de Tarragona.

82 Complétez ce dialogue par *ser* ou *estar* aux temps et modes voulus.

–Diga, diga, pero, ¿quién … al habla?
–Pues … Betina Pérez Gago. Buenas tardes. … la hija del señor Pérez quien … trabajando en su empresa hace algunos años. De momento … en Londres pero vuelvo a España dentro de dos meses y … buscando un puesto en una editorial. Mi padre me dijo que llamara al señor Solé.
–Buenas. Pues mire, el señor Solé … de viaje hasta el jueves. Yo no … nadie para tomar decisiones y le propongo que vuelva a llamar cuando … de vuelta. De todas formas, mándenos su historial cuanto antes.
–Vale, se lo mando por Internet.
–Nuestra dirección … la siguiente…

83 Traduisez.

1. Il était une fois…
2. Nous étions une centaine (*centenar*) devant l'écran (*pantalla*) géant.
3. Il est bizarre (*raro*) que tu sois toujours fatigué.
4. Il me semble que c'était pendant les vacances.
5. Ne touche pas la casserole (*cacerola*), elle est trop chaude.
6. Nous sommes prêts, et toi, es-tu habillée ?
7. C'est bête (*tonto*) mais je suis perdue.
8. Les jouets sont à leur place ; ils sont tous à toi.
9. Il n'est pas encore (*todavía*) chez lui ; bien sûr, il est trop tôt.
10. Le ciel est couvert (*encapotado*), il va pleuvoir, c'est certain.

84 Complétez par *ser* ou *estar* à l'indicatif imparfait ou au passé simple.

1. Ni siquiera … unos cincuenta los que acudieron a la conferencia porque los demás no … al tanto.

2. Algunos hombres políticos … sorprendidos y descontentos al enterarse de que su teléfono … intervenido (*sur écoute*).

3. Cuando … rescatado por la policía, el rehén no … en condiciones de contestar las preguntas de los periodistas por lo exhausto que …

4. El nuevo agregado cultural (*attaché culturel*) pensó que … soñando al enterarse de que … destinado a la embajada que más le apetecía.

5. Después de tantos años pasados en la cárcel, por fin … libre; … increíble.

6. La alerta ya … dada y … medianoche cuando alcanzaron el puerto ; … lloviendo a cántaros (*tomber des cordes*) y todos … calados hasta los huesos.

7. ¿Quién … el autor del *Mío Cid*? Dicen que … un hombre que … algún tiempo en San Pedro de Cardeña.

8. El balance … desolador; el empresario sabía que las cosas no iban bien, y … preocupadísimo.

9. Yo … quien les dije que no tenían que quedarse allí por lo peligroso que …

10. … pocos los que habían entendido la explicación y todos … aún atentos a lo que se decía en el aula.

85 Complétez par *ser* ou *estar* en fonction du sens de l'adjectif.

1. Guapo sí que lo …, se parece a un galán de cine.
2. ¡Qué guapos … los dos! se conoce que … fiesta.
3. Siempre que me cruzo con él … triste.
4. ¡Qué tristes … esos paisajes de antiguas naves industriales!
5. Avisó que no nos echaría una mano porque … malo.
6. La película que ponen en el cine del barrio … mala.
7. Su familia posee miles de hectáreas y sigue … muy rica.
8. Qué ricas … esas almejas recién pescadas.

86 Complétez par *ser* ou *estar* à la forme voulue (mode, temps, personne).

1. −¿Qué tal … tu bisabuelo? −… fatal (*au plus mal*).
2. No … que no quepamos en el coche pero no creo que … necesario que vayamos todos a buscarla.
3. Los hechos … los hechos, … tozudos (*têtus*).

4. El arquitecto les enseñó un terreno cuyas obras ... paralizadas.

5. −¿Quién ... aquella mujer tan radiante? −... Maruja; ... estupenda y cada día ... más joven.

6. Después de recorrer 20 km andando ... agotado (*épuisé*) y pensé que ya no ... para estos trotes.

7. ¡Déjame en paz! No ... para bromas.

8. Con todo lo que ... pasando, el pueblo ... en tensión y los vecinos ... nerviosos.

87 Complétez par *ser* ou *estar* à la forme voulue (mode, temps, personne).

1. Todos dicen que suele ... arriesgado (*risqué*) emprender una excursión por la sierra cuando el tiempo ... cambiadizo (*changeant*).

2. ¿Verdad que Luisito ... más delgado? ... como seco, como si ... una rama quebradiza (*cassante*).

3. El verano ... aquí y podremos disfrutar de la playa que todavía no ... atiborrada (*bondée*). ¡Qué contentos ...!

4. ¡Qué buen cocinero ...! Esta zarzuela (*plat de poissons*) ... una maravilla y ... muy bien sazonada.

5. Las páginas de ¡Hola! ... dedicadas a contar la vida de los famosos. ... una clase de prensa especial; ... cotilleos (*cancans*).

88 Complétez le texte suivant par *ser* ou *estar*.

La mayoría de las veces los *pateros** que ... el último eslabón de una red, no ... identificados y vuelven a Marruecos o Argelia repatriados como los demás. [...] La primera sensación que tienen los tripulantes de la patrullera cuando suben a los inmigrantes a bordo ... de una impotencia total. Los inmigrantes no ... violentos, se resignan. "Cuando nos ven saben que todo ha acabado. Han ... currando como bestias para ahorrar el precio del viaje, y en una noche, en un momento, lo pierden todo. Para nosotros ... muy duro pero ... nuestra obligación," explica el cabo Rafael, el patrón.

© Diario *El País*, S.A., 16.8.1998. D.R.

---

*Chefs d'embarcations de fortune qui traversent clandestinement la Méditerranée depuis l'Afrique du Nord.

Verbes transitifs § 272

89 Traduisez les phrases suivantes. Que remarquez-vous ?

1. Les journalistes interrogent les députés (*diputados*) après la session parlementaire (*sesión parlamentaria*).

2. De la terrasse, nous apercevons (*divisar*) les skieurs (*esquiadores*) qui sont dans le téléphérique (*teleférico*).

3. Il est ornithologue (*ornitólogo*) et il observe les oiseaux migrateurs (*aves migratorias*).

4. Nous avons engagé (*contratar*) un électricien (*electricista*) pour moderniser toute l'installation électrique.

5. De la maison, nous entendons le bruit des vagues (*olas*) et cela excite les enfants.

6. Je ne peux pas vous renseigner (*informar*), je ne connais personne ici.

Terminaison §279-280

90 Traduisez la forme verbale soulignée.

1. Lo siento, no pensaba que ibas a venir hoy y no te esperaba.
2. Nos advirtió que cuando daba una clase nadie podía entrar.
3. Que esté o no esté no importa, nos las arreglaremos solos.
4. Diga lo que diga, hay que reaccionar en seguida.
5. Sucedió lo que tenía que suceder: con las lluvias se salió de madre (*sortir de son lit*) el río.
6. Me parece que tenía que indicaros qué ruta escoger.
7. Nos confesó luego que no pensaba lo que había dicho.
8. Cuando era más joven, daba varias veces la vuelta al parque sin cansarme.
9. Cuando esté en Toledo, volveré a visitar la casa del Greco.
10. Me ha pedido Alejandra que te lo diga sin falta.

Voix §281-285

91 Dites si les formes verbales en gras sont à la voix active ou passive, puis traduisez-les.

1. Tu **t'es levé** tôt ce matin.
2. L'immeuble **a été ravalé** cet hiver.
3. Nous **sommes montés** jusqu'au quatrième étage.
4. Je **suis allé** au théâtre et je **me suis** bien **amusé**.
5. Ils **ont été** les premiers à lancer ce produit.
6. Ce tableau **a été peint** au début du siècle.

Mode et temps §286-299

92 Identifiez le temps du verbe souligné.

1. Os lo repetimos varias veces y no nos hicisteis caso.
2. ¡Qué raro! Igual que Vd vivimos durante quince años en Buenos Aires.
3. Cuando nos columpiamos (*se balancer*) demasiado nos mareamos (*avoir mal au cœur*).
4. Discutimos hasta muy entrada la noche por no poder llegar a un acuerdo.
5. Siempre nos lavamos los dientes después de comer como nos lo dijo el dentista.

6. <u>Columpiamos</u> a los niños porque nos lo pidieron.
7. No puedes equivocarte: <u>vivimos</u> al lado del Corte Inglés.
8. Te lo <u>repetimos</u>: nuestra casa es tuya.
9. <u>Nos lavamos</u> el pelo esta mañana para la fiesta de la tarde.
10. Él y yo siempre <u>discutimos</u> mucho.

93 Déterminez le mode, le temps et la personne du verbe souligné.
Que remarquez-vous ?
1. ¿Dónde <u>coloco</u> las copas, a la derecha o a la izquierda?
2. <u>Colocó</u> la fuente encima del aparador.
3. Le <u>arreglo</u> el coche para el martes, ¿vale?
4. El operario no le <u>arregló</u> bien el lavabo y <u>continuó</u> perdiendo.
5. ¿<u>Continúo</u> exponiéndote la situación?
6. Esperó a que le <u>telefoneara</u> el experto para tomar una decisión.
7. No <u>se impaciente</u>: le <u>telefoneará</u> en cuanto pueda.
8. <u>Me impacienté</u> al cabo de dos horas de espera.
9. <u>Aderezo</u> la mesa con mucho esmero (*soin*).
10. <u>Aderezó</u> el pato (*canard*) con aceitunas para que <u>resultara</u> más apetitoso.
11. ¿Qué <u>resultará</u> de todos esos problemas?

Indicatifs et subjonctifs présents, impératifs affirmatifs et négatifs § 305-306

94 Retrouvez les infinitifs à partir des formes de l'indicatif présent.

1. borramos
2. barremos
3. cometéis
4. permitís
5. sacudimos

6. escupís
7. alcanzamos
8. respondéis
9. eludimos
10. prometemos

95 Mettez au subjonctif présent les verbes entre parenthèses.

1. Se les ruega a todos los colegiales concernidos que (acudir) puntuales a la conferencia.
2. ¿Basta que (terminar) la guerra para que todos (vivir) en paz?
3. Es necesario que tú (participar) y (ayudarme) a recoger la fruta para que (venderla) nosotros en el mercado.
4. Os aconsejo que (enviar) la participación para que todos (recibirla) rápido y así (contestar) a tiempo.
5. ¿Qué queréis? ¿Que (dimitir) y (correr) el riesgo de quedarme en el paro?
6. Es difícil que (disuadirle) si no encontramos mejores argumentos.
7. Pídele que (ordenarlo) todo antes de que (regresar) sus padres.
8. Mire, es injusto que (suprimirle) nosotros la paga extra, ya que no ha desmerecido.

96 Passez au vouvoiement les impératifs suivants.

1. Lee las instrucciones de uso antes de utilizar el aparato.
2. Monta el tenderete en un lugar resguardado del frío.
3. Apréndete la clave *(le code)* una vez por todas.
4. Recorre la feria para indicarnos los mejores pabellones *(stands)*.
5. Rellena *(remplis)* atentamente todos los documentos.
6. Reparte los folletos entre los cursillistas.
7. Sube a por los expedientes que me he dejado en el despacho.
8. Escribe lo que necesitamos en el recordatorio *(memento)*.

Indicatif imparfait et passé simple   § 307-308

97 Conjuguez à l'imparfait les verbes entre parenthèses.

Mientras (bucear), a Arnaldo le (gustar) sacar fotos de los fondos
marinos que (descubrir). Luego, cuando (volver) a la superficie, (nadar)
durante unos minutos más y (salir) del agua cuando (empezar) a notar
el cansancio. Entonces (tenderse) para que le secara el sol, (recoger)
todas sus cosas y (coger) el autobús para reunirse con nosotros, quienes
(esperarle), impacientes por ver las fotos. Entre todos las (revelar) en
su pequeño laboratorio mientras (discutir) y (reír) todos juntos. ¡Qué
tiempos aquellos!

98 Mettez les verbes entre parenthèses à l'imparfait.

(Temblar) todo los cristales de la casa y mi tía Pureza (rezar) *(prier)*
[…] mientras (freír) patatas en la cocina. Las baterías alemanas camufladas bajo los naranjos de Vilarreal (estar) castigando el puerto de
Borriana. Por la calle no (cesar) de pasar carros de refugiados con niños
y enseres. Llegué a este mundo bajo la lluvia de hierros de una guerra
civil […]. A medida que mi conciencia (abrirse) en ella sólo (penetrar)
imágenes de rostros famélicos, ojos llenos de lágrimas, caretas antigás,
gente hacinada *(entassée)* en el refugio donde mi tía (seguir) rezando al
Santo Inmortal y yo mismo (estar) dentro de un capazo *(couffin)* cuyo
trenzado de palma (parecerme) la sillería de un muro que no podría
saltar nunca.

La guerra, Manuel Vicent, © Diario *El País*, S.A., 28.3.1999. D.R.

99 Conjuguez les verbes suivants à la 1re et à la 3e personnes du singulier
du passé simple.

1. exigir: … / …
2. doblar *(plier)*: … / …
3. recoger: … / …
4. sacudir: … / …
5. enchufar: … / …
6. retroceder: … / …
7. extraviarse: … / …
8. infundir: … / …
9. permanecer: … / …
10. facturar: … / …

100 Conjuguez au passé simple les verbes entre parenthèses.

1. En 1997 las empresas españolas (dedicar) mil millones de pesetas en publicidad en Internet, y ahora , ¿cuántos euros serán?
2. El año pasado el municipio (planear) edificar un estadio pero las obras sólo (empezar) tres años después.
3. De repente (encapotarse) el cielo, (sucederse) los relámpagos, y (tronar); he de confesar que entonces (estremecerse).
4. Cuando éramos estudiantes, durante un par de veranos (repartir) las cartas en los pueblos donde veraneábamos.
5. Estábamos dormitando cuando (sonar) el timbre y (sobresaltarnos).
6. Cuando (acometer) las obras estábamos bastante entusiastas, pero el entusiasmo no se nos (durar) mucho.
7. (Emprender) mi primera vuelta al mundo a los veinte años, pero (renunciar) al cabo de seis meses y miles de kilómetros por todos los obstáculos que (salirme) al encuentro.

Indicatif futur §309-310

101 Remplacez la structure soulignée par le futur.

EXEMPLE : Te lo vamos a solucionar. ▷ Te lo solucionaremos.

1. ¿Cómo los vais a atraer para que acepten invertir en este negocio?
2. Con lo presumido que es, seguro que se va a lucir durante la conferencia.
3. De tanto burlar la ley, algún día le van a pillar y va a acabar entre rejas.
4. Ya te conozco amiguita; una vez más vas a eludir tus responsabilidades.
5. Con lo poco que habéis estudiado, seguro que os van a suspender.
6. Con esos nuevos cristales en las ventanas seguro que vamos a reducir nuestros gastos de calefacción.
7. Tranquila, voy a recapacitarlo todo y te voy a avisar en cuanto lo tenga todo arreglado.

Participe passé

§ 311-313

102 Traduisez ces phrases (verbe au passé composé). Que remarquez-vous ?

1. Ce matin, je me suis levée très tôt (*madrugar*).
2. Nous avons répété (*ensayar*) la scène jusqu'à six heures.
3. Ils l'ont décidé à l'instant même (*ahora mismo*).
4. Tu ne t'es pas rasé (*afeitarse*) aujourd'hui ?
5. Les associés ont conclu (*cerrar*) le contrat cet après-midi.
6. Elle s'est tordu la cheville (*torcerse el tobillo*) en dansant.

103 Complétez les formes verbales. Que pouvez-vous constater ?

1. ¿Has (desenchufar) el radiador eléctrico antes de salir?
2. Ya nos han (expedir) los géneros (*marchandises*) que hemos (encargar) hace dos semanas.
3. ¿Dónde se ha (esconder) el gato, que no aparece en ninguna parte?
4. Me has (ceñir) demasiado el abrigo; no cabe nada debajo.
5. Lo siento, ha (vencer) el plazo (*délai*), y necesitamos una respuesta.
6. Hablas tan bajo que no hemos (oír) nada de lo que has (contar).
7. ¿Dónde se habrá (caer) mi anillo, que no lo encuentro?
8. ¿Qué ha (ocurrir), que está todo revuelto?
9. Mi primo hermano (*cousin germain*) ha (ser) destinado a Caracas.
10. Aquí, siempre ha (regir) la ley del más fuerte y es una pena.

Verbes qui diphtonguent§ 318

104 Classez les verbes en gras selon leur diphtongaison dans le tableau ci-dessous.

1. Esto me **conmueve** mucho.
2. ¿Dónde te **sientas** ?
3. No **aciertan** casi nunca.
4. Mira cómo **vuela** esta gaviota.
5. Él no **suelta** ni una palabra.
6. Te **recomiendo** que eches la carta antes de las tres.
7. No **apruebo** esta elección.
8. **Nieva** y **hiela**.

ue	infinitif		ie	infinitif
...	...		...	...

105 Conjuguez ces verbes à la 1re personne du singulier et du pluriel de l'indicatif présent.

1. sosegarse: ... / ...
2. entender: ... / ...
3. volver: ... / ...
4. jugar: ... / ...
5. encender: ... / ...
6. remover: ... / ...
7. morirse: ... / ...
8. comprobar: ... / ...

106 Traduisez (attention aux expressions en gras).

1. **N'allume pas** toutes les lumières, **allume** juste celles du salon.
2. **Goûte** *(probar)* ce nouveau vin, et **retiens** son nom, car il est délicieux.
3. **Pensez** [trois possibilités] à annuler ce voyage auprès de l'agence.
4. **Compte** sur moi pour cette mission, mais **ne compte pas** sur eux.
5. Si **vous ne tenez** vraiment **pas** debout, **couchez-vous**, et **reprenez** des forces. [trois possibilités pour chaque verbe]

Verbes à alternance vocalique, verbes qui diphtonguent et à alternance vocalique
§ 319-320

107 Complétez les dialogues suivants.

1. –¿Qué destino (elegir) Vd? – ... Salamanca.
2. –¿Cómo (vestirse / Vds) para este carnaval? – ... de arlequín.
3. –¿De qué (reírse), chico? – ... de las bromas que le gasta Antonio a la vecina.
4. –¿(seguir) el mismo rumbo *(voie)* que vuestros padres? –No, ... caminos diferentes.
5. –¿De qué color le (teñir / yo) el pelo? –Pues, mire, me lo ... de castaño oscuro.

108 Donnez l'infinitif des verbes en gras et classez-les selon qu'ils se conjuguent sur le modèle de *pedir* ou de *sentir*.

1. ¿Ya **se despide** Vd?
2. Me **hiere** mucho lo que me dices.
3. No **discierno** nada.
4. ¿**Eliges** tú el restaurante?
5. ¿No nos **mientes**, ¿verdad?

pedir
...

sentir
...

109 Mettez les verbes entre parenthèses à l'indicatif présent.

1. Te (advertir) que mañana faltaré a clase.
2. Este jersey (desteñir) mucho cuando lo lavo.
3. El mal tiempo (impedirnos) circular en coche.
4. ¿(Servirle) el té ahora señorita o (seguir) usted esperando a sus amigos?
5. ¿A qué (referirte) exactamente cuando evocas el malestar que impera *(règne)* en el grupo?
6. No (concebir) que todavía no se haya suprimido la pena de muerte en el mundo entero.
7. No (concernirnos) esta nueva prohibición, ¿verdad?
8. Los glaciares (derretirse) lenta pero inexorablemente.

110 Conjuguez au subjonctif présent, puis mettez au pluriel les formes verbales entre parenthèses. Que remarquez-vous ?

1. Que (subvertir / yo) el orden establecido no te gusta, ¿verdad?
2. Me preocupa que (adherir / tú) a las opiniones de cualquiera sin reflexionar.
3. Es preferible que (sugerírselo / yo) porque a ti no te hace caso.
4. Os desagrada que (convertirse / él) en un hombre de negocios sin escrúpulos.
5. Es inadmisible que (zaherir / tú) *(railler)* sin cesar a este pobre chico.

111 Conjuguez les verbes entre parenthèses au mode et au temps voulus.

1. No me parece muy razonable que Patricia y tú (consentírselo) todo a Susanita.
2. Señor arquitecto, le rogamos que (expedirnos) los planos de la nueva nave industrial cuanto antes.
3. Para la fiesta, la consigna es que los hombres (travestirse) de mujer y las mujeres de hombre.
4. No hace falta que (erguirte) tanto, sé más humilde.
5. Anda, acércate que (ceñirte), querida mía.
6. ¿Qué tenemos que proponeros para que (asentir) sin ningún reparo?
7. Que (arrepentiros) o no, poco importa, no teníais que portaros así.
8. Si quieres que te salga bien la comida, te aconsejo que (sofreír) las cebollas y los calabacines *(courgettes)* por separado.

112 Conjuguez ces verbes qui sont à l'indicatif présent au passé simple, puis au subjonctif imparfait.

1. me despido: ... / ...
2. sofríen: ... / ...
3. digiero: ... / ...
4. concibes: ... / ...
5. prosigo: ... / ...
6. se derriten: ... / ...
7. te duermes: ... / ...
8. se mueren: ... / ...
9. revierte: ... / ...
10. difieres: ... / ...

113 Mettez au gérondif les verbes entre parenthèses.

1. Estás (convertir) la casa en un palacio.
2. Nos estamos (divertir) como locos.
3. Después de echar el discurso se estaba (morir) de sed.
4. Qué suerte que sigan (servir) a la gente a tal hora.
5. No (poder) venir tú, el contrato no se firmará.
6. Estuvieron (diferir) su salida demasiadas veces, total ya no se animan.
7. (hervirlo) eliminarás los microbios.
8. Durante varios minutos las palomas fueron (ingerir) las semillas que les habían tirado.

Verbes en -*acer*, -*ecer*, -*ocer*, -*ucir*, -*ducir* et -*uir*   § 321-323

114 Conjuguez ces verbes à la 1ʳᵉ personne du singulier et du pluriel de l'indicatif présent.

1. enfurecerse: ... / ...
2. instituir: ... / ...
3. reducir: ... / ...
4. amanecer: ... / ...
5. instruirse: ... / ...
6. desconocer: ... / ...
7. conducir: ... / ...
8. parecer: ... / ...

115 Complétez les phrases suivantes.

1. Temo que el juez no (instruir) el sumario con imparcialidad.
2. Abre la compuerta *(vanne)* para que (fluir) el agua.
3. No hace falta que (mecer) a esta criatura cada vez que llore.
4. Para que (cocerse) mejor el asado *(rôti)* precalienta el horno.
5. Que ya no nos (reconocer) cuando vamos a visitarla no es de muy buen agüero.

Verbes irréguliers isolés

§ 324-330

116 Conjuguez à la 1ʳᵉ personne de l'indicatif présent les verbes entre parenthèses.

1. (ser) muy torpe de momento: (caerse) a menudo.
2. (estremecerse) cuando (oír) algunos de los sucesos del noticiario.
3. (salir) de noche dos o tres veces a la semana para ir al teatro o al cine.
4. (haber) de reconocer que todavía no (saber) si (valer) o no para este puesto, (suponer) que sí, pero quién sabe...
5. Os (dar) a todos un fuerte abrazo, y espero volver a veros pronto.
6. A lo mejor ya no (caber) en esta falda después de tantos años sin ponérmela.

117 Conjuguez les verbes entre parenthèses au subjonctif présent.

1. Oiga señorita, puede Vd pedirle al señor Fabra que (ponerse), porque tengo que hablarle de nuestro proyecto común.
2. No me (decir / tú) que no (traerte) nada para después reprochármelo.
3. Que yo (saber) todavía no han indicado la fecha de la próxima junta general *(assemblée générale)*.
4. Qué pena que no (valer) nada la obra que acaban de estrenar en el Liceo.
5. Nos extraña que (caerte) tan mal esas chicas con lo graciosas que son.
6. Es imposible que (caber) tantas cosas en esta bolsa.
7. Que (habernos dado cita / vosotros) en el Balcón del Mediterráneo nos permitirá dar una vuelta por los jardines antes de comer.
8. No te esfuerces, es inútil que (venir) si no te apetece.

118 Traduisez les phrases suivantes (verbes à l'impératif).

1. Sors immédiatement.
2. Allons-nous-en *(irse)*.
3. Va chercher du pain.
4. Dites-le-lui. [trois possibilités]
5. Venez ce soir. [trois possibilités]
6. Arrête-toi *(detenerse)*.
7. Défaisons *(deshacer)* nos valises.
8. Viens avec nous.
9. Fais-le.
10. Tiens.

119 Complétez les phrases en mettant le verbe en gras à l'indicatif futur.

1. Hoy **vengo** a las tres, pero mañana … a las cuatro si te va bien.
2. Esta tarde **salimos** a las cinco, pero mañana, por la gimnasia … a las seis.
3. Hoy **me pongo** el jersey azul, pero mañana … el amarillo, pues me gusta más y ya estará seco.
4. Es lo bueno suyo: hoy nos **propone** que vayamos al cine, y mañana seguro que … otro programa.
5. De acuerdo, hoy **hago** las camas, pero mañana las … tú.
6. ¿**Quieres** que repasemos juntos hoy? Y mañana, ¿también … ?
7. Ya sé que no **podéis** atendernos hoy, pero mañana, ¿ … ?
8. Hoy no **tengo** tiempo para hacerlo, pero mañana … más.

120 Conjuguez à l'indicatif imparfait les verbes de ce texte.

(Haber) una ciudad que (gustarme) visitar en verano. En esa época casi todo un barrio (irse) a un balneario cercano. Una de las casas abandonadas (ser) muy antigua; en ella (haber instalado) un hotel y apenas (empezar) el verano la casa (ponerse) triste, (ir) perdiendo sus mejores familias y (quedar) habitada nada más que por los sirvientes. […]
El teatro donde yo (dar) los conciertos también (tener) poca gente y yo (haber invadido) el silencio: yo lo (ver) agrandarse en la gran tapa negra del piano. Al silencio (gustarle) escuchar la música; (oír) hasta la última resonancia y después (quedarse) pensando en la que (haber escuchado). Sus opiniones (tardar). Pero cuando el silencio ya (ser) de confianza, (intervenir) en la música: (pasar) entre los sonidos como un gato con su gran cola negra y (dejarlos) llenos de intenciones.

Filisberto Hernández, *El balcón* (Nadie encendía las lámparas),
© Herederos de Filisberto Hernández, 2008.

121 *Ser* ou *ir* ? Identifiez le verbe en gras.

1. **Fue** en 1948 cuando se celebró el centenario de la abolición de la esclavitud.
2. Afortunadamente **fueron** muchos los que salieron ilesos *(indemnes)* del choque entre el camión y el coche de línea.
3. –¿Dónde **fue** la fiesta? –**Fue** en casa de Celima.
4. Cuando **fuimos** a Bilbao **fuimos** a visitar el Guggenheim, pero **fue** bastante larga la espera.
5. –¿Ya **fuiste** a Santiago de Compostela? –Sí, **fui** el año pasado.

6. Para mí **fue** extraordinario descubrir el museo Thyssen de Madrid.
7. –¿Cuántos **fuisteis**? –**Fuimos** unos diez pero **fueron** pocos los que se quedaron toda la tarde.
8. –¿Cuándo **fueron** al parque Güell? –**Fueron** el martes.
9. Lástima, llegamos tarde y ya se **fue**.
10. ¿Qué **fue**? **Fue** como una explosión, ¿no?

122 Conjuguez ces verbes à la 1re et à la 3e personnes du singulier du passé simple.

1. caber: ... / ...
2. detener: ... / ...
3. ver: ... / ...
4. proponer: ... / ...
5. andar: ... / ...
6. querer: ... / ...
7. deshacer: ... / ...
8. disponer: ... / ...

123 Mettez au passé simple les verbes entre parenthèses.

En la madrugada (acercar) la lámpara a la pecera *(aquarium)* y (comprobar) ya sin dolor que el pez telescopio [...] flotaba inerte en uno de los rincones de la pecera. Al principio, cuando (instalar) la pecera, eran doce movedizos *(changeant)* pececitos pero, iletrado en aguas, el exceso de comida o alteraciones en la temperatura [...] (reducir) el lote rápidamente. La primera muerte (ser) una catástrofe. El señor Pelice (extraer) el cuerpecito finado *(défunt)*, una vez que (comprobar) en forma absoluta que no se movía [...] y (depositarlo) sobre una hoja *(feuille)* de hortensia en el medio del escritorio y (velarlo) algunas horas con la lámpara de aceite. [...] No se había aún recuperado de aquella sensible pérdida cuando (morir) un *macropodus opercularis* que (comenzar) boqueando a la superficie y luego (acurrucarse) en un rincón con el vientre hinchado. [...] Así (ir muriendo) uno tras otro.

Haroldo Conti, *Perfumada noche*. D.R.

124 Appliquez la concordance des temps dans les phrases suivantes.

1. Mi abuela no quería que el médico (mantenerla) en vida a toda costa así que antes de operarse se lo recordó.
2. Por fin decidió presentar una denuncia por considerar que era inadmisible que (retenerle) tantas horas los policías sin motivo alguno.
3. Ya te dije un montón de veces que no (exponerte) tanto al sol.
4. Que (atraer / ellos) a esas jóvenes con falsas promesas no era nada extraño.
5. Era preocupante que el gobierno (reducir) las múltiples averías en la central nuclear a meros incidentes.

Participes passés irréguliers   § 331-332

125 Donnez le participe passé des verbes entre parenthèses.

1. Dios mío, ¿pero qué habéis (hacer)?
2. ¡Fantástico! todas las manchas se han (disolver).
3. Dos platos se me han escapado y se han (romper).
4. ¿Todavía no han (volver) tus hermanos, verdad?
5. ¡No puede ser! Todo está otra vez (cubrir) de polvo.
6. ¿Cuándo habrán (abrir) esos nuevos almacenes?
7. Qué me dices, si este actor ya ha (morir).
8. ¿Cuántas novelas ha (escribir) este periodista?

126 Donnez le participe passé des verbes suivants.

1. decir : ...
2. bendecir : ...
3. proveer : ...
4. ver : ...
5. anteponer : ...
6. resolver : ...

127 Conjuguez les verbes entre parenthèses à la 1ʳᵉ personne du singulier, puis du pluriel de l'indicatif présent.

1. Siempre (coger) el autobús para circular por la ciudad: es más práctico.
2. No (distinguir) bien los colores, y es una molestia.
3. Ya está decidido, esta misma tarde (dirigirse) al director para conseguir una paga extra.
4. Por el constipado, ya no (oler) nada.
5. (Fingir) haber entendido de qué se trata pero no es el caso.
6. Como se estilaba antes, (esparcir) al voleo las semillas (*graines*) por los surcos (*sillons*).
7. (Mecer) a la criatura cuando lloriquea (*pleurnicher*).
8. En general, (convencer) difícilmente a los contrarios.

128 Transformez ces impératifs en ordres indirects.

1. Tranquilizaos: os ruego que…
2. Colócalo mejor: te aconsejo que…
3. Cargad con esas cajas, por favor: os pido que…
4. Rízale el pelo un poco más: te sugiero que…
5. Indicadme donde está la estación: os ruego que…

129 Conjuguez les verbes suivants au passé simple. Que remarquez-vous ?

1. La nueva gama de colores para cosméticos que (lanzar / yo) el otoño pasado tuvo mucho éxito.
2. El campeón (lanzar) el disco, pero resbaló y se (hacer) un esguince (*foulure*).
3. Ayer (caerme) de bruces (*à plat ventre*) y (magullarme) la cara.
4. Cuando (caer) la noticia (hacerse) un silencio de muerte.
5. Lo (averiguar / nosotros) todo para no cometer ningún error.
6. No (averiguar / yo) si había cerrado la llave del gas antes de salir.

130 Quel est le gérondif des verbes suivants ?

1. caer : …
2. tañer : …
3. roer : …
4. diluir : …
5. constreñir : …
6. creer : …
7. restituir : …
8. reír : …
9. bullir : …
10. distraer : …

131 Mettez à l'indicatif présent les verbes entre parenthèses.

Cada día (ser) más españoles que (acercarse) a alguna asociación de carácter humanitario para colaborar. Juan Antonio Alamarza, del Centro de Voluntariado de Valladolid, (considerar) arriesgado dar una cifra al respecto. "Se (soler) hablar de medio millón de voluntarios en términos redondos, pero sin negar que todas esas personas presten algún tipo de ayuda social desinteresada, (ser) muchos menos los que se adecuarían a los criterios europeos," (asegurar) Alamarza, quien los (fijar), con precauciones, en unos 150.000. La diferencia (estribar) en que, para hacerse merecedores del término *voluntarios*, se les (exigir) una cierta continuidad en la tarea y formación específica como tales. "Las cifras (ser) claramente inferiores a las de países como Alemania, Francia o Italia, pero no (deber) perder de vista su tendencia ascendente, en especial en un momento en el que el asociacionismo (tender) a la baja en nuestro país", (manifestar) Alamarza.

© Diario *El País*, S.A. 3.1.1993. D.R.

132 Conjuguez les verbes entre parenthèses à l'indicatif présent.

Luego (apartar / él) con un brazo los objetos que (ocupar) la mesa de la cocina y (apilar) cuidadosamente papel de cartas, (probar) el rotulador *(crayon feutre)*, (predisponerse) a escribir tantas veces como a desescribir. Finalmente (decidirse). […] (Levantar) la cabeza. (Olisquear) *(humer)*. (Dejar) el papel y (salir) corriendo hacia la comida convocado por lo que (poder) convertirse en olor a rabo quemado. (Remover) el guiso de rabo de buey *(queue de bœuf)* con sepia. Ha llegado a tiempo y lo (apartar) del fuego a la espera de que se calmen los ardores. (Deshuesar) el rabo con precisión cisoria y (volver) a juntar la carne con la sepia y la salsa.

Manuel Vázquez Montalbán, *Quinteto de Buenos Aires*,
© Herederos de Manuel Vázquez Montalbán, 2008. Ed. Planeta, S.A.

133 Conjuguez les verbes à l'indicatif présent puis au passé simple.

No (concederse) el privilegio de poner la mesa y (predisponerse) a comer en la esquina liberada, con una ligera desazón por no respetar la liturgia. Tal vez por eso (comer) rápido, como si quisiera cumplir su desconsideración cuanto antes, y (mediar) una botella de Mauro. Saciado pero no contento. La carta iniciada (distraerle) la voluntad de retirar los platos, ordenar definitivamente el caprichoso amontonamiento de los objetos. (Retomar) la carta, (empuñar) el rotulador, (ir) a escribir algo, finalmente lo (dejar).

Manuel Vázquez Montalbán, *Quinteto de Buenos Aires*,
© Herederos de Manuel Vázquez Montalbán, 2008. Ed. Planeta, S.A.

134 Soulignez les verbes de ce texte, puis déterminez leur mode et leur temps.

–Vamos a seguir a partir del punto donde nos quedamos ayer. De esta forma, poco a poco, tendrá Vd tiempo de hacer memoria. Podríamos empezar de nuevo, pero creo que no vale la pena, hay todavía mucho que decir para tratar de aclarar por el momento los puntos que han quedado oscuros. Vamos a ver, Vd afirma que alquiló una habitación doble en el Hotel Levante, para una sola noche. Sin embargo, nos consta que desde el día 17 al 19 hizo Vd noche en el Hostal Ramos de Sanponce, a quince kilómetros de aquí. ¿Puede Vd explicarlo?

–Lo cierto es que llegué, el día 17 a Sanponce y me alojé, por tres noches en Hostal Ramos. Si dije otra cosa es porque no creía que tuviera importancia lo que hice durante esos días.

Juan Benet, *Obiter Dictum* (vol. Cuentos completos),
© 1977 y Herederos de Juan Benet, D.R.

135 Mettez les verbes entre parenthèses au subjonctif présent.

1. Para que ellos (saberlo) cuanto antes, es preciso que (ir /tú) a decírselo ahora mismo.

2. Para que no (estar) nerviosos es preferible que los niños (acostarse) temprano y (tener) horarios.

3. Aunque (parecerte) amarga, es imprescindible que (tragarte) toda la pócima (*potion*) si quieres sanar.

4. (Querer) Vd que no, es indispensable que (pagar) el IVA (*T.V.A.*).

5. Para que (seducirla / tú) y (gustarle), hace falta que (ser / tú) ingenioso, (buscar) y (encontrar) vocabulario más adecuado.

6. Para que (sacarlos / nosotros) de este mal paso, hace falta que no (caer) de nuevo.

7. Os mando que de hoy en adelante (acatar) las reglas para que no (haber) más problemas.

8. No (venirme / tú) con el cuento de siempre; estoy harta ya.

9. No aguantamos que (exigir / Vd) que (reducirse) la plantilla (*les effectifs*) para limitar los gastos.

10. Os ruego que (disculparme); me parece que he metido la pata (*faire une gaffe*).

136 Voici les conseils donnés à un groupe de voyageurs. Mettez les verbes à l'impératif.

Señores viajeros…
1. No (llegar) con retraso a la cita.
2. (dirigirse) a la azafata si tienen algún problema que resolver.
3. (ir) a facturar el equipaje en cuanto se lo indiquen.
4. (facturar) incluso las bolsas de viaje si abultan.
5. (registrar) los billetes.
6. (averiguar) que no hay ningún error en el destino.
7. (refrescarse) un poco para aguantar mejor el viaje.
8. No (entretenerse) demasiado en las tiendas.
9. (escuchar) atentamente los altavoces.
10. (juntarse) en la sala de embarque cuando se lo digan.

137 Mettez les impératifs suivants au pluriel ou au singulier selon les cas.

1. Realiza tú mismo la serie de reportajes y saca las fotos.
2. Llegad puntuales.
3. Paga las entradas para el partido de la tarde.
4. Construid una cabaña con ramas de árboles.
5. Siéntense en primera fila.
6. Dale la mano.
7. Idos a la piscina.
8. Riega los rosales y coge los claveles.
9. Marca los precios y pega las etiquetas.
10. Diles que callen.

138 Conjuguez les verbes de ce texte à l'indicatif imparfait.

Yo soy el menor de todos pero tengo el peor genio, dicen. Dispongo de mi dinerito y con él me compro todo lo que me da la gana. Cosas que cuestan poco pero que me hacen feliz.
Voy al colegio por las mañanas y juego al fútbol por las tardes. Se ve que valgo porque vienen mis hinchas *(supporters)* a animarme. Oigo los comentarios y me crezco cuando me parecen halagüeños *(flatteur)*. En cambio me siento herido cuando me critican porque me creo la estrella del equipo.

139 Conjuguez au passé simple les verbes entre parenthèses.

–Muchas gracias, señor Ibáñez.

No sé por qué no (rectificarle). No me llamaba Ibáñez [...]. (Deber) corregirle, pero no (hacerlo) y (callar) sin darle mucha importancia al asunto. Mi silencio estúpido de aquel momento (ser) el detonante de toda la posterior pesadilla *(cauchemar)*.

–¿Qué le pongo, señor Ibáñez?

(Mirarle). ¿Me estaba tomando el pelo? [...] Entonces ya no (atreverme) a sacarle del error, demasiado tarde, (decirme), hubiera tenido que hacerlo el día anterior, cuando (agradecerme) la propina y yo (salir) del bar sin deshacer el equivoco. (Callar).

José Luis Muñoz, Un tal señor Ibáñez, Ed. Júcar.

140 Indicatif imparfait ou passé simple ? Choisissez.

A Javier, las noticias de Somalia, Bosnia y otros lugares desafortunados del mundo (tenerle) inquieto desde (hacer) tiempo, aunque no (saber) qué (poder) hacer hasta que (oír) en la radio a la directora de Ayuda en Acción. Ni corto ni perezoso, (presentarse) en las oficinas de esa organización humanitaria. "(oír) que (poderse) ayudar con dinero o con algún trabajo, y como yo no (tener) un duro, pues (venir) a ver si (poderme) ocupar de algo en mi tiempo libre," explica.

© Diario El País, S.A., 3.1.1993. D.R.

141 Mettez à l'indicatif imparfait ou au passé simple les verbes entre parenthèses.

(Ser) todo un hombre, (decirse) Felipe, sonriendo. Pero esta vez sí (brindar) por Alicia, antes de llevarse el vaso a los labios. Esta Alicia (tener) apenas tres años más que la muchacha de Colán y (estar) empezando sus estudios de Bellas Artes en la Universidad Católica. Y desde Lima, (escribirle) también cartas gordas de páginas que él (corresponder) sin saber muy bien por qué. A veces (relacionar) el asunto con su última visita al Perú, que (haber sido) bastante agradable, pero (serle) imposible recordar el nombre del café de Barranco en que Alicia (acercársele) con el pretexto de que (haberlo visto) la noche anterior en la televisión. Felipe (sonreír) cuando ella (decirle) que (venir) de su exposición y que (estudiar) Bellas Artes en la Católica mientras (aprovechar) para sentarse a su lado sin preguntarle siquiera si (estar) esperando a otra persona.

Alfredo Bryce Echenique, A veces te quiero mucho siempre
(Magdalena Peruana y otros cuentos), © 1986.

142 Traduisez ces phrases en utilisant le passé simple ou le passé composé.

1. Federico García Lorca est né en 1898 et mort en 1936.
2. Ce soir, j'ai regardé la télévision jusqu'à minuit.
3. Qui a cassé le carreau *(cristal)* ce matin ?
4. Nos grands-parents ont mieux su économiser *(ahorrar)* que nous.
5. Je ne sais pas si les invités sont arrivés.
6. Quand est tombé le mur de Berlin ?
7. Je vous l'ai déjà dit plusieurs fois, faites attention ! [vouvoiement]
8. Ça s'est passé l'année où nous sommes allés en Andalousie.
9. C'est un écrivain célèbre qui a fait ses études à Salamanque.
10. Vous vous êtes trompé lors de votre déposition *(declarar)* l'an dernier.

143 Remplacez les infinitifs par des gérondifs, puis précisez leur sens.

1. (Venir) tú con nosotros, el banco nos concederá el préstamo.
2. El centinela se quedó (otear) el horizonte.
3. Salieron los congresistas, (quedar) vacía la sala.
4. (Poder) resolverlo tú, no entiendo que no hayas intervenido.
5. Los juerguistas *(fêtards)* siguieron (desafinar) hasta el amanecer.
6. Vamos ya, si lleváis quince minutos (despedirse).
7. Daba gusto ver que los niños estaban (reír) a carcajadas mientras el payaso estaba (hacer) muecas.
8. No te imagines que podrás engañar a todos (mentir) sin cesar.
9. Evaristo siempre anda (alborotar).
10. (Resbalar) en la calle fue como se rompió una pierna.

144 Choisissez la forme du participe passé qui convient.

1. Nos han (freír) churros para el desayuno; la casa huele a churros …
2. Los musulmanes se han (descalzar) antes de pisar la mezquita; van …
3. La tormenta de esta tarde ha (marchitar) las últimas rosas; ya están …
4. En Pamplona han (soltar) los toros por las calles; cuidado que andan …
5. He (imprimir) tres folios de mi futura novela; están …
6. No me había (despertar) a la hora debida; estaba de mal humor por estar mal …
7. Son unos comilones *(gros mangeurs)* y se han (hartar) de calamares a la romana; ya están …
8. El dinero ha (corromper) a muchos deportistas; es que algunos ya estaban medio …

Obligation §336

145 Transformez les phrases sur le modèle suivant.

EXEMPLE : Tienes que ser más amable si quieres atraer a los clientes.
▷ Es necesario que seas más amable si quieres atraer a los clientes.

1. No tenías que añadir nada, ya lo habíamos entendido.
2. Has de matricularte antes de finales de septiembre como máximo.
3. Era un abuso y teníamos que denunciarlo.
4. Todos hemos de unirnos para evitar la marginación.
5. Si no estáis de acuerdo debéis enviar protestas contra la decisión.
6. Los jueces deben ser más imparciales.
7. Tenías que ir a votar cuando las últimas elecciones si querías que cambiaran las cosas.
8. Para detener al general, tuvieron que desarmar a sus guardaespaldas.
9. No será fácil, pero el gobierno tendrá que gestionar el proceso de paz.
10. Tuvo que leer varias veces la escena para recordarla.

146 Remplacez les obligations personnelles ou impersonnelles par une tournure équivalente aux temps et modes voulus.

1. La patronal tendrá que escuchar a los sindicatos para evitar la huelga.
2. El gobierno tiene que cumplir sus promesas para mantener la paz.
3. Recuerda que tenemos que escrutar los votos el domingo que viene.
4. ¿Era realmente necesario que se lo repitieras todo al subdirector?
5. El jefe de personal tenía que estar al tanto de cuanto ocurría.
6. Mira qué raro, sólo me contestó lo siguiente: es de ver.
7. Señora, hace falta que Vd me rellene esos documentos cuanto antes.
8. Era necesario emprender la reforma y la emprendimos.
9. Has de estar a las tres en punto en el consultorio; sé puntual.
10. Si hace calor habrá que colocar los toldos para proteger a los clientes.

147 Exprimez une obligation personnelle ou impersonnelle selon le cas.

1. ... reaccionar contra el pensamiento único.
2. Los hoteleros ... esforzarse para acoger mejor a los clientes.
3. Se ... respetar más a los ancianos y no ... marginarlos tanto.
4. ... dejar de considerar que un hombre a los 50 años ya no sirve para nada.
5. Los representantes de cada bando ... discutir mucho antes de conseguir la tregua.

148 Traduisez.

1. La crise devrait entraîner *(acarrear)* une augmentation du chômage.
2. Vous devez dénoncer ces injustices, c'est votre rôle *(papel)* de journaliste.
3. Il faut que je te dise que la cérémonie n'aura pas lieu aujourd'hui.
4. Il serait temps que tu comprennes que tu dois respecter *(acatar)* les lois.
5. Il faut les prévenir avant que l'avion ne décolle *(despegar)*.

Deber et deber de   § 336-337

149 *Deber* ou *deber de* ? Choisissez.

1. ¿Qué hora es? ... ser las 8.
2. No ... portarte de esta manera, es inadmisible.
3. ... ser numerosísimos los hinchas para causar tantos estragos ayer por la noche.
4. –¿Quién será? –... ser el nieto de Joselita.
5. No seas reacio, aquí ... obedecer las órdenes que te dan.
6. Después de la mala pasada *(mauvais tour)* que le jugamos ... odiarnos.
7. La agencia ... solucionar cualquier problema.
8. En caso de contratiempo el organizador ... reintegrar la diferencia entre los servicios propuestos y los que ha prestado.
9. ... llegar con retraso el martes pasado, porque te fuiste tarde ¿no?
10. Me repitieron que ... exigir que nos reembolsaran.

Supposition   § 337 et § 370

150 Exprimez la supposition en fonction des tournures proposées.

Exemples : Debe / Debía de tener unos cuarenta años. ▷ Tendrá / Tendría unos cuarenta años.
Estará / Estaría cansado porque no dice / dijo más que tonterías. ▷ Debe / Debía de estar cansado porque no dice / dijo más que tonterías.

1. Debieron de madrugar porque no quedaba nadie en casa.
2. No se oye ni un ruido, estarán dormidos los niños.
3. Deben de ser las cinco porque estamos en invierno y ya anochece.
4. Por el jaleo *(tapage)* que armaron, debieron de ser numerosos.
5. Debes de ser friolera para ir tan abrigada.
6. Te lo habrá dicho el vecino para que estés tan bien enterado.
7. –¿Quién llamó? –Sería Luisito; le conocí por la voz.
8. Aquí debió de ocurrir la escena; permanecían unas huellas.

151 Traduisez.

1. Ils ont dû arriver en retard car il y avait pas mal d'encombrements.
2. « Quelle heure peut-il bien être ? – Je pense qu'il doit être midi dix. »
3. Où a-t-il pu ranger *(guardar)* ces documents ? Cela fait un quart d'heure que je les cherche.
4. Il devait être malade hier car il avait bien mauvaise mine.
5. Tu n'as pas dû avoir assez d'essence, car j'avais oublié de faire le plein *(repostar)*.

Habitude
§ 342

152 Modifiez les phrases suivantes afin d'exprimer l'habitude.

EXEMPLE : Mi abuelo fuma en pipa por la noche.
▷ Suele fumar en pipa por la noche.

1. Trasnocho a menudo.
2. Era muy alegre y silbaba todo el santo día.
3. Cenamos juntos los lunes.
4. Tú no vas de juerga los fines de semana, ¿verdad?
5. Era un gran lector y leía hasta muy entrada la noche.
6. Mis hijos miran un dibujo animado los sábados por la tarde.
7. Cuando estaba harto, el ejecutivo escuchaba música clásica.
8. No tengo que quejarme; de manera general, no estoy enfermo.
9. Les gustaba la comarca *(región)*, y veraneaban cada año en la Coruña.
10. En el Norte cantábrico en general no hace frío.

Devenir et réitération
§ 268-269 et § 341

153 Traduisez le verbe « devenir » par la tournure la plus appropriée.

1. Après plusieurs tentatives, il est enfin *(por fin)* devenu président.
2. Il était très timide et quand il lui avoua ses sentiments, il devint tout rouge *(colorado)*.
3. Mon Dieu ! Que sont devenus ces paysages de rêve ?
4. « Comment êtes-vous devenus aussi riches ? – Par notre travail. »
5. Mon grand-père a beaucoup vieilli ; il est devenu irascible *(iracundo)*.

154 Remplacez *volver a* par une structure équivalente.

1. No te preocupes: volveremos a vernos.
2. Dentro de algunos días, cuando ya no le duela la rodilla, volverá a jugar al fútbol con nosotros.
3. Estuve muy contento porque volví a vivir unos días en mi antiguo piso.
4. Se impacientaba y cada cinco minutos volvía a consultar el reloj.
5. El vendedor de billetes de lotería volvió a emprender su litanía: "¡Me quedan dos iguales para hoy!"
6. Después del debate volverá a hablar el secretario general.
7. ¡Ojalá no vuelvan a tomar las armas!
8. No conseguía conciliar el sueño, y volví a encender la luz.

155 Rétablissez *volver a* dans les phrases suivantes.

1. Piénsatelo: lo discutiremos de nuevo dentro de poco.
2. Te prohíbo que utilices el coche de nuevo sin pedirme permiso.
3. ¡Qué suerte! ¡A ti te toca otra vez un premio!
4. Tranquila: esos pesados no la molestarán otra vez.
5. No me siento muy bien; ¿me permite que me tumbe de nuevo?
6. No había llovido y la tierra estaba de nuevo muy seca.
7. Es roñoso (*radin*); no le invitaremos otra vez.
8. Había escarmentado (*cela lui avait servi de leçon*) y juró que nadie le estafaría (*escroquer*) de nuevo.

Aspects de l'action   § 343-345

156 Choisissez entre *estar* + gérondif et *seguir* + gérondif pour modifier les verbes en gras.

EXEMPLES : Espera un poco: **todavía nieva**. ▷ Sigue nevando.
Nadaron durante hora y media. ▷ Estuvieron nadando durante hora y media.

1. Los representantes de los diferentes partidos **discutieron** hasta las tantas.
2. El atracador (*malfaiteur*) **amenazaba** al cajero con una pistola cuando intervino la policía.
3. Le **cuento** una historia al niño para que se duerma antes.
4. A pesar de las críticas malas, **vinieron** los aficionados a la ópera.
5. Mira a Juanito; estoy segura de que le **pide** los apuntes (*ses notes*) a Gervasio para repasar mejor.

6. Los actores **ensayaban** cuando el director de escena les anunció que no se daría el espectáculo.
7. Todo está húmedo; me parece que todavía **llueve.**
8. A pesar del sedante, el herido **sentía** el dolor.

157 Traduisez (attention aux expressions en gras).
1. **Llevo días sin salir** porque tengo gripe.
2. Han arreglado toda la casa excepto la cocina que **sigue sin pintar.**
3. Me parece que **llevamos años sin vernos** cuando sólo son pocas semanas.
4. No te pongas este vestido: el dobladillo *(ourlet)* **está sin hacer.**
5. Es raro que esta niña **siga sin hablar.**

158 Remplacez les verbes en gras par *estar, ir, andar* ou *venir* + gérondif.
1. Se **maravillaba** y lo **miraba** todo como si fuera su primer viaje.
2. El joven **pedía** dinero y siempre se le veía por las mismas zonas.
3. Después de la manifestación, **regaban** y **limpiaban** las calles.
4. Antes de decidirnos, he de reconocer que **discutimos** durante horas.
5. Cuando llegamos al restaurante, **recogían** ya las mesas.
6. Durante nuestra última estancia en Madrid, **visitamos** el Prado.
7. Cuando nos interrumpieron **me decía** que su empresa iba a deslocalizar.
8. **Tonteaba** con mi primo cuando de repente se oyó una deflagración.

159 Modifiez les phrases selon les exemples suivants.
EXEMPLES : Hace horas que patinan. ▷ Llevan horas patinando.
Hacía días que no aparecía. ▷ Llevaba días sin aparecer.
1. Hace semanas que en este cine no dan películas buenas.
2. Hay una avería en el circuito eléctrico y hace dos horas que esperamos al operario.
3. En este teatro hacía decenios que representaban la misma obra.
4. Las poblaciones de estos dos países pelean desde hace años sin que se avecine la paz.
5. Hubo una violenta tormenta y hace horas que no tenemos contacto con los espeleólogos que están atrapados en la cueva.

Auxiliaire + participe passé

§ 347-353

160 *Haber* ou *tener* ? Déduisez du participe passé le choix de l'auxiliaire.

1. ¿... ido a pasar el fin de semana con vuestro primo?
2. Yo ... escritas ya diez postales.
3. Para que puedas comprarte el coche tu padre te ... guardados unos euros.
4. No creo que ellos ... pedido permiso para salir.
5. No señor, yo no le he dicho que Vd me ... hecho daño.
6. Le ... regalado nuestra colección de mariposas y ahora el chico la ... metida en una caja de zapatos.
7. –¿... hecho los ejercicios, Marcos? –Si ya los ... hechos desde hacía tiempo.
8. Ellos se ... roto un brazo jugando, y lo ... escayolado (*plâtré*), los pobres.
9. ... mala conciencia porque ... abandonada a mi tía abuela.
10. –Sus tarjetas de visita ... llegado, señor director. –Gracias, por ... avisado.

161 Complétez les phrases en utilisant le verbe souligné au participe passé.

Exemple : ¿<u>Etiquetaste</u> las cajas como te lo había pedido?
▷ Sí, las he etiquetado. / ▷ Allí las tienes etiquetadas.

1. Los guerreros se fueron y <u>abandonaron</u> a sus familias: las dejaron ...
2. Los hinchas lo <u>destrozaron</u> todo: quedó todo...
3. ¿Cómo que te ha ... las llaves si no quería <u>devolverlas</u>?
4. –¿Quieres que <u>pongamos</u> las maletas en el maletero? –Pero, si ya están...
5. –¿<u>Remuevo</u> la ensalada? –No, si está ... ya.
6. <u>Abrieron</u> las ventanas y se marcharon sin cerrarlas: quedaron ... toda la noche.
7. El bisabuelo era derrochador y <u>arruinó</u> a sus descendientes: los dejó ...
8. –¿<u>Echo</u> el cerrojo (*verrou)*? No sé, me parece que ya está ...

Choix des modes, concordance des temps   § 378-379

162 Conjuguez les verbes à la forme voulue.

1. ¿Y esto no te (haberlo repetido / yo) mil veces, acaso?
2. Tal vez (conseguir) mi tío el subsidio de paro *(allocation chômage)*.
3. Puede ser que (repuntar) la Bolsa pero sigue muy inestable.
4. A lo mejor (premiarle) con el Planeta, porque es muy buen escritor.
5. Quizás (destinarnos) a Brasil, dentro de dos años.

163 Traduisez les phrases suivantes.

1. Les guides *(guías)* se demandaient si l'excursion plairait ou non à leurs groupes.
2. Si tu transfères *(trasladar)* le cabinet *(bufete)* à Cordoue, préviens-moi.
3. Si la conjoncture *(coyuntura)* était plus favorable, nous investirions *(invertir)* dans certains pays.
4. S'il était très tard, la baby-sitter *(canguro)* passait la nuit à la maison.
5. Si la traversée *(travesía)* durait moins longtemps, il leur rendrait visite *(visitar)* plus souvent.

164 Traduisez.

1. Quand aurez-vous le temps de corriger les épreuves ?
2. Quand il fera beau, nous nous attaquerons *(acometer)* au ravalement *(el revoco)*.
3. Dès que tu m'auras donné son titre, j'irai te chercher ce DVD.
4. Dès qu'il faisait froid, elle se mettait des jupes avec des collants épais.
5. Tant que vous ne me répondrez pas, je ne pourrai pas agir.

165 Complétez ces phrases, puis mettez-les au passé.

1. Las asociaciones piden acciones que (aliviar) la situación actual.
2. Es la acción del hombre lo que hace que se (estar) acumulando cada vez más gases en la atmósfera.
3. Según Greenpeace, es posible que la velocidad de desertificación (incrementarse) con el aumento de la erosión, la salinidad y el riesgo de incendios que hacen que la calidad de los suelos (ser) cada vez peor.
4. Hay que preocuparse de que (dejar) de construir donde no se puede.
5. Dicen que aunque (cesar) de repente las emisiones de los gases, las temperaturas aumentarán algunas décimas en el próximo siglo.

166 Complétez ce dialogue entre le détective Pepe Carvalho et un policier.

El policía –El jefe nos ha dicho que de momento le (dar) un consejo: nada de voces. Cualquier cosa que Vd (saber) nos la ha de decir. Mucho ojo con que (enterarse) antes cualquiera que nosotros.
Pepe Carvalho –No quiero que me (dar) el Oscar ni el Nobel. Sólo quiero que mi cliente me (pagar) y en cuanto (saber) algo, por descontado que (*il est sûr que*) se lo diré en primer lugar al cliente y luego ella decidirá.

Manuel Vázquez Montalbán, La soledad del manager, Ed. Planeta, S.A.

167 Complétez ce texte en appliquant la concordance des temps.

Había leído que un escritor huido de la URSS maltrató a su hijo durante el último año de convivencia para que le (recordar) con odio y no con añoranza. A su manera había hecho lo mismo. Había apartado al niño de su vida como si (ser) un estorbo *(gêne)* y en pago recibía una adoración mitificadora. Conservaba sus cartas y fotografías como reliquias. Quería que su tía (reducir) las cazadoras del padre para llevar la misma ropa. [...]
Más adelante cuando (estar) seguro, le haría llamar o tal vez (llegar) tarde y entonces (ser) el muchacho quien no (querer) saber nada de él.

Manuel Vázquez Montalbán, La soledad del manager, Ed. Planeta, S.A.

168 Conjuguez le verbe de la principale au passé simple et faites la concordance des temps.

1. (Transcurrir) un par de años antes de que (convertirse / él) en el cacique del lugarón.
2. El guía (proponerles) que (desandar) lo andado para apreciar mejor el espectáculo.
3. Menos mal, los bomberos *(pompiers)* (ponerse) a salvo antes de que (venirse) abajo parte del tejado.
4. Nunca (querer) que nuestros familiares (inmiscuirse) *(s'immiscer dans)* en nuestra vida privada.
5. Antes de que (aterrizar) el avión, las azafatas (pedirles) a los pasajeros que (volver) a sentarse y (abrocharse) los cinturones.

Style direct et style indirect § 564, 566, 568 et 569

169 Mettez ce texte au style indirect passé.

–Maruja, esta noche vendré a verte –murmuró en su oído–. Cuando
todos duerman, entraré por tu ventana.
–Cállate. Estás loco.
–Te juro que lo haré. Dime cuál es tu ventana.
–Déjame, déjame…
–No, hasta que me digas dónde duermes.
–Pero ¿qué te has creído? ¿Quién te has figurado que soy yo? –empezó
ella con el aliento perdido.

Juan Marsé, Últimas tardes con Teresa, © 1966 y 1978, Ed. Bruguera, 1981. D.R.

170 Mettez ce texte au style indirect passé puis au style indirect présent.

–¿Por qué te vas ?
Sol encogió levemente los hombros y le miró interrogándole. Ramón
le habló con una voz distinta, extrañamente burlona.
–Bueno bueno, no te preocupes. Ya comprendo que no puedo obligarte
a la compañía de un hombre inválido y aburrido. Hoy, verdaderamente,
sólo quería hablar un poco contigo, sentirte cerca de mí, ver tus ojos y
oír tu voz. No, hoy no necesito dictarte ningún trabajo. Tienes derecho
a irte. […]
–No sé cómo puedes decir eso. Me duele oírte hablar así. […]
–Bah, no te preocupes. […] Los dos estamos cansados.

Ana María Matute, Luciérnagas, Ed. Destino, Áncora y Delfín, 1993.

171 Transformez ces phrases pour y intégrer des adverbes en -*mente*
sur le modèle suivant.

EXEMPLE : Habla con lentitud / de modo lento. ▷ Habla lentamente.

1. El fugitivo apretaba con rabia y nerviosismo el pedal del acelerador
del coche.
2. Los especialistas restauraron con fidelidad y esmero los arabescos
de estuco de la mezquita.
3. Los desempleados intentan sobrevivir con ánimo y dignidad.
4. Dicen que los Borbones trataban a sus súbditos con más campechanía
y sencillez que los Habsburgos.
5. Con tono burlón y cómico el payaso se dirige al público.
6. El malabarista *(jongleur)* actuó con destreza y agilidad.
7. Un recepcionista ha de contestar de modo amable y cortés.
8. Hazlo con tranquilidad y cuidado.
9. El alumno escuchaba la clase con atención y en silencio.
10. Esperaban las noticias con ansia, impaciencia y agitación.

172 Choisissez entre *recientemente* et *recién*.

1. –¿Cuándo ocurrió? –… .
2. Pruébalo, está … hecho.
3. La … casada tiene que abrazar a todos los familiares.
4. –Este vestido parece como nuevo. –Claro, si me lo he comprado … .
5. En la maternidad los … nacidos no paran de llorar.
6. Julio todavía no se ha recuperado del todo porque le han operado … .
7. Esta sala está … estrenada y todavía huele a pintura.
8. El contrato … cerrado entre nuestros socios es ventajoso para nosotros.

Les éléments de relation

15 | Les prépositions

Prépositions simples   § 394-395

173 Complétez les phrases par *hasta* ou *hacia*.

1. Mira ... la derecha y verás las ruinas del acueducto romano.
2. "... luego" fue lo que nos dijo al marcharse y no le vimos más.
3. Ven ... las cuatro, e iremos de compras juntas.
4. ¿... cuándo piensas quedarte con nosotros? ¿... el martes o ... el miércoles?
5. ¿Me podéis llevar ... la gasolinera porque ya no tengo gasolina?
6. No podemos criticar su actitud ... nosotros, siempre fue muy amable.
7. ... entonces no se habían dado cuenta de nada y de repente descubrieron la verdad.

A, de et *en*   § 400-426

174 Complétez par les prépositions *a*, *de* ou *en* si nécessaire.

1. ... general, les tengo mucho miedo ... los perros lobos.
2. La tienda está ... la avenida ... Colón ... la derecha, justo ... la vuelta ... la calle.
3. Esperad un poco, no es como si pudiéramos solucionarlo todo ... un abrir y cerrar ... ojos.
4. Vamos ... ver, ¿qué te parece si pasamos ... visitaros dentro ... un cuarto hora?
5. ... lo que ... mí se refiere todavía no puedo darte ninguna respuesta definitiva.
6. ... la sierra están desarrollando cada vez más actividades para entretener ... la gente ... caso ... que falte la nieve.
7. ... la segunda fila ... la derecha escuchaban atentamente ... la secretaria general ... la asociación.
8. –¿... que serán esos muebles? –Por el aspecto y el precio, serán ... pino.

175 Rétablissez la préposition *a* pour redonner un sens à ces phrases.

1. [este compañero le conocimos orillas del mar]
2. [se descompuso al divisar su padre]
3. [nadie había visto esa gente en el pueblo antes]
4. [esos guerrilleros los pueden condenar ahora igual que sus jefes]

5. [no irán someterse las pruebas antes de ver un médico]
6. [por poco el camión atropella los alumnos que se persiguen unos otros]
7. [aprecian Saura; no tanto cineasta como su hermano el pintor]
8. [claro que hay que acompañar los niños clase sobre todo cuando no conocen nadie]

176 Traduisez les phrases suivantes.
1. « À qui est ce pull ? – Il est à Pablo. – En quoi est-il ? – Il est en laine. »
2. J'ai acheté des verres en plastique, des assiettes en carton et des serviettes en papier.
3. « Qu'est-ce que ça sent ici ? – Ça sent le brûlé. »
4. Cette paella a un fort goût de safran *(azafrán)*.
5. Le bateau à voile qui se trouve dans la remise *(cobertizo)* appartenait à mon grand-père.
6. Le train va partir : montons vite dans le wagon.
7. Il se jeta à l'eau pour sauver l'enfant qui allait se noyer *(ahogarse)*.
8. Au mois de juin, l'entreprise accueillera les ingénieurs allemands.

Por et *para* § 427-439

177 Justifiez l'emploi de *por* et *para* dans les phrases suivantes.
1. No sabes dominarte, por eso no queremos que intervengas.
2. Encargué el ordenador portátil para vosotras, para facilitaros el trabajo.
3. No cambies tus planes por mí.
4. Las obras estarán terminadas para el verano.
5. El contratista nos propone reformarnos la tienda por 15.000 euros.
6. A este directivo le procesan por deshonrado.
7. No te fíes, que te darán gato por liebre.
8. ¿A qué hora sale el Talgo para Barcelona?
9. Una ya no puede caminar sola por esas callejuelas a medianoche por lo poco seguras que son.
10. Contrataron a un guarda jurado para vigilar el banco.

178 Complétez par *por* ou *para* selon les cas.

1. El acusado hacía como si tal cosa; no se daba … aludido *(concerné)*.
2. … mí no te preocupes, con esos 3.000 euros me doy … muy bien pagado.
3. … los altavoces nos anunciaron que el avión … Madrid tendría dos horas de retraso.
4. En vez de preguntar … preguntar, piénsatelo un poco.
5. … la cantidad de hinchas que iban gritando … las calles, debía de ser un partido importante.
6. Este chico siempre busca la solución … su cuenta y no ayuda a nadie.
7. –¿… cuándo necesitáis el informe? –Pues nos vendría muy bien … el lunes … la tarde.
8. Me anuncia que la familia llegará … Navidad.
9. Los dos compinches se encontraron … casualidad, y … aprovechar la ocasión se fueron a tomar una copa juntos.
10. Mi nieto quería llevarme a Sevilla … una semana pero … mi edad es mucho y ya no estoy … esos trotes.

179 Traduisez (attention aux prépositions en gras).

Cette fois-ci, je décide de prendre un taxi **pour** aller à la gare et il m'y dépose **pour** une quinzaine d'euros. Je vais au guichet *(taquilla)* **pour** retirer mon billet **pour** Madrid. J'aime prendre le train **pour** de courts voyages. Le contrôleur *(revisor)* passe **pour** vérifier que nous n'avons besoin de rien.

Je retrouve **par** hasard un ancien camarade et nous allons au wagon-restaurant *(coche restaurante)* **pour** dîner ensemble. **Pour** lui, comme **pour** moi, c'est une rencontre inattendue.

180 Complétez par les prépositions *a*, *de*, *en*, *por* ou *para*.

Para llegar … aquel punto … río Dieter debió … salir … la salida 6 … la autopista, ir … buscar la carretera general … dirección … Barcelona y luego encapricharse … un dédalo … caminos … carro. O lo que aún era más absurdo: salir … la 5 e ir contradirección hacia Gerona. No cabía la explicación … haber buscado un lugar … tomar un bocadillo porque había comido.

Manuel Vázquez Montalbán, *La soledad del manager,* Ed. Planeta, S.A.

181 Choisissez entre *ante* et *delante de*, *bajo* et *debajo de*, *tras* et *detrás de*.

1. A pesar de los cargos, a ese hombre de negocios le dejaron libre … fianza.
2. … la mirada sorprendida de la concurrencia, el conferenciante de repente calló y dejó la sala.
3. Te pica, te pica, pero ¿–qué llevas … jersey? –Nada. –Entonces, no te quejes.
4. No aparques … este portón, hay un vado y te van a multar.
5. … abrir el sobre lo tiró sin apenas mirar lo que contenía.
6. Ponte … mí y deja de moverte si no quieres que nos pillen.
7. … pretexto de luchar contra el terrorismo se vulneran los derechos humanos.
8. Los testigos no se inmutaron … el acusado y declararon sin apocarse *(s'effrayer)*.

182 Complétez les phrases par les prépositions adéquates.

1. Los obreros participaron … una plataforma … apoyo … sindicato.
2. El pianista se sentó … piano y empezó … tocar … mayor placer … la concurrencia.
3. ¡Oye chico! ¡No te pases … nosotros!
4. … favor, habla … voz baja o … media voz … no despertar … niño.
5. El hombre político se empecinaba *(s'entêter)* … mantenerse … el poder.
6. No te entusiasmes demasiado; sólo te habló … título personal y has de desconfiar … lo que promete.
7. El número … telespectadores … Mundial superó lo previsto.
8. … mayor satisfacción le enseñó … delegado un documento fechado … julio … 2007.

183 Complétez les phrases par les prépositions adéquates.

1. … lo cansado que estaba se fue … nuestra casa … las 9 de la noche.
2. Le miró … una sonrisa … los labios, pero … una fría dureza … los ojos.
3. ¿No es éste el recadero *(coursier)* … la cazadora *(blouson)* … piel marrón claro que pasa … las ocho cada mañana?
4. Cuando te hablo, hazme el favor … no encogerte … hombros *(hausser les épaules)*.
5. … pasar desapercibido, el ladrón se sumó … la muchedumbre.

6. –Ven ... compras ... nosotros. –... mucho gusto, pues me viene bien ir ... coche y no ... pie.

7. ¿Por qué bajáis ... la calle? –Bajamos ... pan y cerveza, que ya no quedan ... casa.

8. Si te metes ... pleitos será preferible que lo consultes ... tu abogado.

9. ... estudiar tanto, se le cayó encima un cansancio ... plomo y se tumbó ... la cama.

10. Vacilo ... confesártelo, pero no me gusta ese tresillo *(canapé et fauteuils)* ... caoba *(acajou)* que acabas ... comprarte.

184 Retrouvez les prépositions manquantes.

Miré mi reloj: 22.30. ... mí, una vieja arreglaba el tabaco y los caramelos ... su quiosquillo. Saqué dos billetes ... 100 pesetas y los coloqué ... el Winston ... contrabando. Sus ojos turbios se inmovilizaron.

–Busco ... una mujer gorda –sus ojos no dejaron ... observar el dinero. Su rostro blanco se alzó unos centímetros. Repetí: Una mujer muy gorda. Hace un momento ha bajado la calle.

Alargó una mano, tomó los billetes y los hizo desaparecer ... su vestido negro.

–¿Gorda? –su voz parecía nacer ... el estómago, subir ... dificultad ... la tráquea y deslizarse ... las encías *(gencives)* ... dientes ... caer ... suelo.

Me incliné ... ella.

–Sí, muy gorda

Un dedo, semejante ... la pata ... un gorrión *(moineau)* flaco, señaló la calle ... la Puebla.

Juan Madrid, *Cuestión de peso*, art. *El País Semanal*. D.R.

185 Emploi spécifique des prépositions. Complétez par la préposition qui convient.

1. Después de tantos meses de dieta, cuidado ... lo que le deis ... comer.

2. Por superstición o costumbre, muchos cantantes siempre visten ... negro cuando salen ... escena.

3. Pese a las tensiones diplomáticas, decidimos apostar ... la paz.

4. Tras semanas de investigación, acabaron ... sospechar ... tío de la niña asesinada.

5. No tiréis tanto ... la sábana, está muy gastada y se va a romper.

6. Este muchacho es extranjero, así que esfuérzate ... no hablar tan rápido y ... articular más para que te entienda.

7. Todo está diseñado ya, sólo me queda sacar los planos ... limpio y presentárselos al cliente.

8. Se subió ... un taburete para descolgar las cortinas y llevarlas a la tintorería.

9. A pesar de las nuevas leyes y de sus tentativas para dejarlo, mi hermano no puede pasar ... fumarse una cajetilla de tabaco negro al día.

10. Qué quieres que te diga, tiene cara de pocos amigos y no me fío ... ese tío.

186 Les équivalents de « chez ». Traduisez les phrases suivantes.

1. Il faut que je sois chez le médecin à 18 heures.

2. N'oublie pas de passer chez le charcutier *(la charcutería)* prendre la commande *(el pedido)*.

3. Nous partirons de chez vous vers midi.

4. Ils habitaient toujours chez leurs parents.

5. Chez nous en Argentine, le soja est en train de tout envahir.

187 Choisissez entre *y* et *e* ou entre *o* et *u*.

1. ¿Cuánto cuesta? ¿200 … 300 euros?
2. –¿Qué beberán Vds: agua … vino? –Agua … vino.
3. –En el mercado, cómprame tomates … hinojo *(fenouil)*. –De acuerdo, ¿… hierbabuena *(menthe)* también?
4. Madre … hijo solían dar un paseo por las Ramblas … el muelle *(quai)* … iban hasta el embarcadero de las Golondrinas.
5. ¿… Irene? ¿… Yésica? ¿Por dónde andan?
6. ¿Quién telefoneó? ¿Juanjo … Horacio?
7. … aceptas mi ayuda … te las arreglas solo y no me pides nada más.
8. Vd señora ¿qué desea: mejillones *(moules)* … ostras *(huîtres)*?

188 Les équivalents de « mais ». Traduisez les phrases suivantes.

1. Je suis pressée *(tener prisa)* mais j'irai te chercher.
2. Cela ne s'appelle pas manger mais se goinfrer *(engullir)*.
3. Cette valise *(maleta)* n'est pas pleine, mais elle pèse une tonne.
4. Tu te trompes : il n'est pas pianiste mais guitariste.
5. Ils n'ont rien signé mais ils ont donné leur parole.
6. Il ne prend jamais l'avion mais le train chaque fois qu'il le peut.
7. Non seulement cela m'attriste *(entristecer)* mais cela me surprend qu'il se conduise *(portarse)* ainsi.
8. Pour le moment Carmela n'est pas à Séville mais à Cadix.

189 Marquez l'opposition en complétant par *pero, pero sí, sino* ou *sino que*.

1. No me gusta el turrón de chocolate, … el de almendras.
2. Este chico no habla … grita y nos cansa mucho.
3. No vengas el martes … el lunes, tendré más tiempo libre.
4. Niños, os equivocáis, Bahía Cochinos no fue en 1962 … en 1961.
5. "Para mí es mucho, … para Vd no es casi nada", decía el pordiosero.
6. Pensábamos ir de excursión a Montserrat, … anunciaron que habría niebla, y renunciamos.
7. A mi nieto no le gustan las matemáticas … el francés; ha salido a mí.
8. En general no era aficionado al flamenco, … a Camarón de la Isla.
9. No me enteré por la radio … lo leí en el periódico.
10. Cuando viajamos, no nos gusta ir a los sitios para turistas … estar en contacto con la población.

190 Les équivalents de « ni ... ni... ». Traduisez.

1. Ton neveu est un ascète *(asceta)* : il ne fume ni ne boit.
2. Ni elle ni lui n'étaient au courant de *(estar al tanto de)* la situation.
3. Il est végétarien : il ne mange ni viande, ni poisson, ni même d'œufs.
4. Nous nous débrouillerons *(arreglárselas)* seuls ; nous ne voulons ni aide ni piston *(enchufe)*.
5. Ni les uns ni les autres n'étaient prêts *(estar dispuesto)* à renoncer *(renunciar)* malgré les risques *(riesgos)*.

La phrase

Phrase déclarative   § 487-496

191 Construisez différemment ces phrases sur le modèle suivant.

EXEMPLE : Nunca falta a la oficina. ▷ No falta nunca a la oficina.

1. ¡Vaya ambiente! ¡Nadie se divierte aquí!
2. Será un superhombre: nunca comete errores, nunca tiene ninguna duda.
3. La casa estaba iluminada; entramos y preguntamos si había alguien, pero nadie nos contestó.
4. No me gusta esta tienda porque nunca te atiende *(s'occuper de)* nadie cuando lo necesitas.
5. Cuando estoy angustiada nada me relaja tanto como contemplar el mar.
6. El anciano nunca se animaba tanto como cuando venían a visitarle sus nietos.
7. Nadie se inmutó *(se troubler)* cuando el avión empezó a tambalearse *(bringuebaler)*.
8. Ningún cliente se presentó a pesar de la oferta.

192 Traduisez les phrases suivantes. Variez le plus possible la traduction de la négation « ne... que ».

1. Je regrette ; il ne nous reste qu'une chambre qui donne sur *(dar a)* la rue.
2. Nous ne pourrons vous *(vosotros)* recevoir que dans quinze jours.
3. La boutique n'ouvre qu'à quatre heures.
4. Finalement le car *(el coche de línea)* n'aura que vingt minutes de retard.
5. En général il n'écoute que du rock.

193 Remplacez *sólo* par une tournure négative restrictive.

1. Las obras sólo estarán terminadas el lunes.
2. Por tener prisa, mi padre sólo coge el avión.
3. En este banco, sólo reanudan *(reprendre)* el trabajo a las tres.
4. Sigue muy delicado; sólo se asoma a la calle *(mettre le nez dehors)* una vez a la semana.
5. La tesina *(thèse)*, sólo la entregaré dentro de tres meses.
6. El tren de noche sólo lleva literas *(couchettes)*.
7. Muchos sólo gastan a principios de mes después de cobrar *(toucher sa paye)*.
8. La familia sólo se reunirá para las vacaciones de verano.

Phrase interrogative   § 497-511

194 Posez les questions correspondant aux réponses suivantes.
1. Tengo treinta años.
2. Veranearemos en La Toja.
3. Entregan *(livrer)* la leche a las seis.
4. Vamos a la universidad.
5. Me encuentro mejor, gracias.
6. Quisiera las fotos que sacamos el verano pasado para enseñárselas a María Rosa.
7. Siempre voy andando al colegio.
8. Escogemos el móvil más fácil de utilizar.

195 Posez les questions correspondant aux réponses suivantes.
1. He reservado la habitación para el martes.
2. Estos fresones *(fraises)* vienen de Huelva.
3. Vinimos en avión.
4. Sólo vi a Marta.
5. El monopatín *(skate-board)* es de Javier.
6. Se tarda como doce horas en tren.
7. No le contesté porque no me apetecía.

Phrase dubitative   § 512-515

196 Complétez ces phrases en conjuguant les verbes entre parenthèses au mode qui convient.
1. Es posible que (encontrar / tú) los mismos productos más baratos en un hipermercado pero yo prefiero las tiendecitas de mi barrio.
2. Puede ser que (celebrarse) el próximo festival de jazz en nuestra ciudad.
3. Tal vez (ser) preferible que silenciemos nuestra participación en ese asunto.
4. Quizás (cerrarse) las últimas minas de carbón de la comarca *(région)* dentro de unos meses.
5. Quizás (tener / yo) razón, quizás (equivocarme), de todas formas a Vd le toca decidir.
6. A lo mejor (avergonzarte) *(faire honte)* pedirle que te haga este favor, pero no tienes por qué sentirte humillado.

7. Son dos equipos más o menos iguales y puede que (empatar) *(faire match nul)*.

8. Interviniendo todos, tal vez (conseguir) sacarle de apuros *(tirer d'affaire)*.

Phrase exclamative
§ 516-527

197 Transformez ces phrases affirmatives en exclamatives.

EXEMPLE : Hace muy bueno hoy. ▷ ¡Qué bueno hace hoy!

1. El Camino de Santiago les parecía largo a los romeros *(pèlerins)* de la Edad Media.
2. Las obras de la Sagrada Familia duran muchísimo tiempo.
3. Este hornillo de petróleo *(réchaud à pétrole)* resulta difícil de encender.
4. Muchas manzanas se echaron a perder en una noche por el calor y la humedad.
5. Lo que has hecho está bien.
6. Muchos necesitados pasan hambre hoy día.
7. Da gusto *(faire plaisir)* veros.
8. Los damnificados siguen viviendo muy mal.

198 Transformez les exclamations directes en exclamations indirectes.

EXEMPLE : ¡Qué precioso es este aparador *(buffet)*! ▷ Mira qué precioso es / lo precioso que es este aparador. / Date cuenta de lo precioso que es este aparador.

1. ¡Qué bien salta este atleta! *Date cuenta de* ...
2. ¡Qué barato es este armario! *Fíjate en* ...
3. ¡Qué bien lo pasábamos juntos! *Recuerdo* ...
4. ¡Qué altos son estos andamios *(échaffaudages)*! *Mirad* ...
5. ¡Qué bien dibujabas cuando eras pequeña! *Me acuerdo de* ...
6. ¡Qué lejos queda la estación! *Se queja de* ...

Phrase désidérative
§ 528-530

199 Conjuguez les verbes entre parenthèses (expression du souhait).

1. ¡Ojalá los hombres (ser) más sensatos y no (cometer) tantas barbaridades en el siglo XXI!
2. ¡Ojalá (encontrar) los investigadores nuevas terapias!
3. ¡Ojalá (dar / yo) con la solución dentro de poco!

4. ¡Ojalá (recortar) los tipos de interés *(abaisser le taux d'intérêt)*!
5. ¡Ojalá (reactivarse) *(relancer)* la economía nacional!
6. ¡Ojalá (poder) jubilarme *(prendre sa retraite)* a los 55 años!
7. ¡Ojalá (reponerse / vosotros) pronto!

200 Conjuguez les verbes entre parenthèses (expression du regret).

EXEMPLE : ¡Ojalá (poder) tú y yo volver a Argentina!
▷ ¡Ojalá pudiéramos tú y yo volver a Argentina!
1. ¡Quién (ser) Fidias y (seguir) conocido tantos siglos después!
2. ¡Quién (conocer) el secreto de la eterna juventud!
3. ¡Ojalá (intervenir) las autoridades cuando se anunció la llegada del huracán!
4. ¡Quién (escarmentar) *(tirer la leçon)* y no (cometer) tantos errores!
5. ¡Ojalá (aprovecharse) mejor la ayuda internacional!
6. ¡Ojalá (cumplirse) tu sueño de sociedad igualitaria!

201 Traduisez les phrases suivantes.

1. Pourvu qu'ils soient tous sains et saufs *(sano y salvo)* !
2. Ah, si seulement tu m'avais prêté cette somme d'argent qui m'était indispensable !
3. Pourvu que les bateaux de pêche *(pesqueros)* puissent prendre la mer aujourd'hui *(hacerse a la mar)* !
4. Ah, si seulement il avait trouvé un sponsor *(patrocinador)* pour exposer ses sculptures !
5. Pourvu que le temps s'améliore *(mejorar)* et que les compétitions aient lieu !
6. Si seulement nous l'avions su, nous aurions profité de cette offre *(oferta)* !
7. Pourvu que l'assurance *(el seguro)* leur rembourse *(reembolsar)* les dégâts *(daño)* causés par l'incendie !
8. Si seulement vous n'aviez pas démissionné *(dimitir)* du jour au lendemain !

Tournures affectives

202 Complétez les phrases suivantes par les tournures proposées en les adaptant au contexte : gustar – apetecer – tocar – doler – saber mal – olvidarse.

1. Niños, ¿de verdad no … las gambas *(crevettes)* ni … probarlas?
2. –Fíjate: a Sergio … el gordo *(toucher le gros lot)*. –¡Suerte que tiene!
3. –Tiene reúma *(rhumatisme)* y … las rodillas. –Le compadezco porque a mí … mucho la muñeca *(poignet)*.
4. Ya se lo he dicho: … que no te haya propuesto ninguna solución de recambio.
5. ¡Qué despistados *(étourdis)* somos! ¡… controlar la presión de los neumáticos *(pneus)*!

203 Traduisez les phrases suivantes.

1. Je n'ai pas envie *(apetecer)* de faire les vendanges *(vendimiar)* cette année.
2. Notre ancien patron aimait vérifier *(controlar)* tous les documents et les parapher *(rubricar)*.
3. As-tu mal aux dents ou fais-tu semblant *(hacer como si)* ?
4. Nous avons été enchantés *(encantar)* de revoir nos cousins d'Amérique.
5. Les gens aiment acheter pour acheter, d'où le succès des soldes.
6. « Avez-vous peur des souris *(ratones)* ? – Non, mais nous n'aimons pas trop ces petites bêtes *(bichitos)*. »
7. La cantatrice *(cantatriz)* avait trop mal à la gorge *(garganta)* pour chanter.
8. Cet été nous avons envie de découvrir les îles grecques.

Phrase impersonnelle   § 534-541

204 Complétez les phrases suivantes par un équivalent de « il y a ».

1. … muchísimos mirones *(badauds)* después de la ceremonia.
2. … unos 15 km entre Ceuta y Algeciras.
3. … mucho tiempo que no he vuelto a Chile.
4. … veces en que no me animo para nada.
5. ¿Cuántos años … que esquiábamos juntos?
6. ¿Cuántos coristas *(choristes)* … la otra noche?

7. Dentro de tres días … diez años que pusimos la tienda de antigüedades *(antiquités)*.

8. ¿Qué … , que no quiso decirnos nada?

205 Choisissez entre *desde, hace* ou *desde hace* selon les cas (attention au temps des phrases).

1. … que tengo derecho a votar, me siento un verdadero ciudadano.

2. … tres meses que estaban tapiadas *(murer)* las ventanas del edificio.

3. Dentro de poco … un mes que nos casamos.

4. Estaba de médico en Cuenca … seis años.

5. ¿Pero qué pasa? … dos horas que he avisado al operario *(ouvrier)* y todavía no está.

« C'est… que », « c'est… qui » § 542-546

206 Modifiez les réponses en utilisant la tournure emphatique.

EXEMPLE : –¿A quién lo contaste? –A Javier. ▷ **Fue a Javier a quien lo conté.**

1. –¿Quién escribió la novela *Plenilunio*? –Antonio Muñoz Molina.

2. –¿A qué actor español prefieres? –De momento, a Javier Bardem.

3. –¿A qué personajes famosos evocó la profesora de Historia ayer? –A Florinda la Cava y al rey Rodrigo.

4. –¿A quién le pidieron que levantara acta? –Al juez de primera instancia.

5. –¿Para quiénes son las fotocopias? –Para el subdirector y su equipo.

6. –¿Por quién se comprometió aquella escritora? –Por un ex activista italiano.

7. –¿Cuál de esos deportistas parece capaz de pasar a la historia? –A lo mejor el gimnasta Gervasio Deferr.

8. –¿Con quién organizaréis la proyección de los documentales? –Con los responsables de la biblioteca.

207 Mettez ces phrases à la forme emphatique (l'emphase porte sur les expressions en gras).

1. **En las playas del Mediterráneo** han varado *(échouer)* centenares de medusas.

2. –¿Por dónde cruzarán el río ? –**Por el vado.**

3. En 2004 Javier se graduó de abogado.
4. Solía contemplar el océano desde lo alto del acantilado.
5. Acaban de destinarnos a Zaragoza por dos años.
6. Registrando detenidamente la casa Ana encontró un tesoro.
7. Por no haber escuchado bastante la lección tuvieron que repasar más.
8. Al atardecer a mi abuelo le gustaba jugar al ajedrez.

208 Complétez les phrases en utilisant la forme emphatique.

EXEMPLE : Colón descubrió la Isla de Guanahani en 1492. ▷ **Fue en 1492 cuando** Colón descubrió la isla de Guanahani.

1. Dice una leyenda que pactando una chica con el diablo se construyó el acueducto de Segovia.
2. En 1895 Sabino Arana fundó el PNV (Partido Nacionalista Vasco).
3. José Luis Rodríguez Zapatero nombró por primera vez a una mujer como Ministra de Defensa.
4. La Unión por el Mediterráneo vio la luz en París.
5. Por el precio de la vivienda muchos jóvenes no pueden independizarse de sus padres.

209 Traduisez les phrases suivantes.

1. C'est dans le quartier du port qu'il y a eu le plus de travaux *(obras)*.
2. Est-ce pour vous ou pour moi qu'on a loué *(alquilar)* cette bicyclette ?
3. C'est en automne qu'il faut visiter l'Estrémadure.
4. C'est parce qu'il voulait être indépendant à tout prix *(a toda costa)* qu'il a accepté ce travail.
5. C'est parce qu'ils avaient très bien joué *(actuar)* que le metteur en scène *(director de escena)* les a félicités.

La phrase complexe

Propositions subordonnées complétives   § 561-572

210 Conjuguez les verbes entre parenthèses aux modes et aux temps voulus.

1. –¿Cómo explicas que a pesar de la ley sobre la violencia de género (seguir) habiendo tantas muertes en España?
–Es que no me parece que (bastar) legislar sino que sería necesario que (cambiar) las mentalidades.

2. –¿Crees que la expo de Zaragoza (permitir) que (evolucionar) y (mejorar) el comportamiento del ciudadano de a pie *(lambda)* respecto del agua?
–Por lo menos la meta de tal acontecimiento es que (reflexionar) la gente allende *(au-delà de)* el puro placer de la visita, ¿no?

3. –Me gustaría que (salir) bien el proyecto de Unión por el Mediterráneo y (permitir) que (reducirse) las desigualdades entre las dos orillas y (firmarse) acuerdos de paz y cooperación válidos y duraderos.
–Ojalá…

4. –¿Qué piensas del debate sobre la regularización de los indocumen-tados?
–Pues mira, es normal que (regularizarse) a los que tienen un trabajo fijo, y estaría bien que (poderse) debatir objetivamente sobre el tema de la inmigración, pero me temo que la crisis lo (echar) todo a perder.

211 Conjuguez les verbes entre parenthèses aux modes et aux temps voulus.

1. Le aconsejan al juez que (aplazar) *(différer)* el fallo.

2. Le pidieron al funcionario que (agilizar) los trámites *(accélérer les démarches)*.

3. Te recomiendo que no (apostar) tanto en las carreras de caballo, pues te vas a arruinar.

4. Le rogó que (transferirle) el dinero a principios de mes sin falta.

5. Nos pidió que (adiestrarle) al perro para que dejara de morder a los desconocidos.

6. Les recomendó que (dirigirse) a un cazatalentos *(chasseur de têtes)* para proveer las vacantes.

7. Os escribí ya varias veces que no (vacilar) en instalaros en casa si os venía bien.

8. Nos ha aconsejado que no (exhibirse) con esa gente, pero no le ha-cemos caso.

212 Traduisez les phrases suivantes.

1. Le conseiller *(asesor)* leur dit d'investir *(invertir)* dans des actions plus rentables.
2. Je te dis que ce journal n'est pas fiable *(ser de fiar)*.
3. Le médecin lui conseilla de se mettre au régime *(ponerse a régimen)*.
4. Chers clients, nous vous prions *(rogar)* de nous préciser la date de votre arrivée.
5. Il y a des problèmes de ravitaillement *(abastecimiento)* et elle m'écrit de lui envoyer des vivres *(víveres)*.
6. Il nous a rassurés *(tranquilizar)* : il nous a écrit que tout allait bien.
7. Les autorités interdirent aux reporters de filmer les événements.

Propositions relatives § 573-578

213 Conjuguez les verbes aux modes et temps voulus.

1. Esta novela acaba de publicarse y ya hay dos productores que (querer) llevarla al cine.
2. De hoy en adelante, júzgame según lo que (hacer) y no según lo que (decir).
3. No reembolsarán a quienes (cancelar) la reserva a última hora.
4. Ayer en mi barrio la grúa se llevó a cuantos coches (estar) mal aparcados.
5. Las fábricas que más (contaminar) el medio ambiente pagarán multas.
6. Los que (coger) mucho el avión obtendrán tarifas especiales.
7. Con lo que (cobrar), apenas si consigue sobrevivir.
8. El coche de línea saldrá de Tarragona a las tres en punto, y los que (perderlo) tendrán que esperar como dos horas.

214 Conjuguez les verbes entre parenthèses.

Según Daniel Goleman, psicólogo norteamericano, los triunfadores del siglo xxi no serán los que más idiomas (hablar), más currículos (acreditar) o mejor aspecto (presentar). Serán los que, además de ser listos en el sentido clásico de la palabra, (demostrar) ser empáticos, (tener) dominio de sí mismos, (manifestar) templanza y perseverancia, (ser) capaces de entusiasmarse. Serán aquellos que (saber) ganarse a sus empleados, (motivarles), (implicarles) en la empresa común, (escucharles).

D'après *El País semanal,* 7.03.1999.

215 Rétablissez la concordance des temps dans les phrases suivantes.

1. Anunciaron que para las vacaciones optarían por el destino que (salirles) más barato.

2. Concéntrate: todos los indicios que (encontrar) te serán útiles.

3. Con el calentamiento gradual del planeta, los que (sufrir) los daños más graves serán los países pobres, sobre todo los que (hallarse) en el Trópico.

4. Les repitieron que no aceptarían a aquellos cuyos documentos no (estar) en regla.

5. Eliminaréis los proyectos que (pareceros) más inútiles.

6. Si impulsara el alcalde una política económica para la región que (generar) empleo, se duplicaría el número de sus partidarios.

7. En el equipo no seleccionarán a los que no (mejorar) las marcas.

8. Le precisó que no había ningún problema, que le citaría donde mejor (convenirle).

9. En el siglo XXI, ¿cuál será la suerte de la gente que no (saber) leer ni escribir?

10. El municipio galardoneará a los arquitectos que (tener) las ideas más innovadoras.

Subordonnées de temps   § 580-588

216 Remplacez *al* + infinitif par une structure équivalente en respectant les modes et les temps.

1. **Al volver** a casa, se tendió en el sofá y se durmió.

2. Es nochevieja y **al dar** las doce, comeremos las uvas de la suerte.

3. **Al irte**, no se te olvide cerrar la puerta con llave.

4. **Al difundirse** el resultado de la votación se oyeron bocinazos por toda la ciudad.

5. Los jornaleros regresarán del campo **al ponerse** el sol.

6. **Al sacar** las cuentas, el contable advirtió que había varios errores.

7. **Al empezar** a cantar el grupo, veréis como se caldeará el ambiente.

8. **Al descubrir** que le iban a ascender, se regocijó.

217 Conjuguez les verbes entre parenthèses aux temps et modes voulus.

1. Le mandaremos un cheque en cuanto (recibir) la mercancía con la factura.
2. Cuando (torcer) a la izquierda, ten cuidado con los coches que vienen enfrente.
3. Emprenderemos el viaje de regreso cuando (anochecer), así los niños se dormirán más fácilmente.
4. En cuanto (querer) introducir la llave en la cerradura, se dio cuenta de que habían intentado forzar la puerta.
5. Faltaban horas antes de que (atenuarse) el calor y nadie se asomaba a la calle.
6. Tras sufrir el accidente de moto habían de transcurrir bastantes semanas antes de que Nacho (lograr) mantenerse en pie.
7. No había quien le distrajera cuando (enfrascarse) en las cuentas y podían transcurrir horas antes de que (reaparecer).
8. Decidió que cuando (salir) de su casa iría a ver a sus padres.

218 Conjuguez les verbes entre parenthèses aux temps et modes voulus.

1. No desistiremos hasta que (alcanzar) la meta.
2. Nos encontrábamos tan a gusto que nos quedamos hasta que (cerrar) el bar.
3. Quiero verle a la fuerza y no me moveré hasta que (aparecer) por casa.
4. La pandilla *(bande)* estuvo en la playa tocando la guitarra y cantando hasta que (ponerse) el sol.
5. El contratista *(entrepreneur)* le pidió al capataz *(contremaître)* que los vigilara hasta que (terminar) de descargar todas las cajas.
6. Los coches no pudieron circular por los muelles *(quais)* hasta que (bajar) el nivel del agua.
7. Insista Vd hasta que (dignarse) concederle una entrevista.
8. El partido siguió hasta que (romper) a llover a cántaros *(pleuvoir à seaux)*.
9. Decidió empeñarse hasta que (conseguir) la cátedra *(chaire)* de ciencias políticas.
10. El representante no le dejó en paz hasta que (contraer) un seguro a todo riesgo.

219 Traduisez les phrases suivantes.

1. Dès que vous entendrez *(vosotros)* la sirène, sortez en courant.
2. Quand nous serons en août, beaucoup de boutiques seront fermées.
3. Lorsque tout sera prêt *(estar listo)*, préviens-moi *(avisar)*.
4. Avant que la mer ne monte, les bénévoles *(voluntarios)* se dépêchèrent *(darse prisa)* de nettoyer la plage.
5. Aussitôt que le contremaître *(capataz)* quittait l'atelier *(taller)*, les ouvriers se sentaient plus à l'aise *(sentirse a gusto)*.
6. Après avoir écouté le journal télévisé *(telediario)*, il éteignit le téléviseur.
7. Chaque fois que c'est la pleine lune *(plenilunio)*, on parle des loups-garous *(hombres lobos)*.
8. Quand les travaux *(obras)* de modernisation ont commencé, il a paru sceptique *(escéptico)* ; mais dès que tout sera terminé, il viendra vous remercier *(dar las gracias)*.

Subordonnées de cause §‎ 589-592

220 Remplacez *por* + infinitif selon l'exemple suivant.

EXEMPLE : Por soplar un viento de los mil demonios, los pescadores no pudieron faenar. ▷ Porque soplaba un viento de los mil demonios, los pescadores no pudieron faenar.

1. Por malgastar el dinero, sus padres se enfadaron con él.
2. Por estar plagado de deudas *(couvert de dettes)*, tendrás que hipotecar la finca *(la propriété)* de tus padres.
3. Por haber recorrido medio mundo y haber vivido en varios países, domina muchos idiomas.
4. La ascendieron a directora por ser eficiente, dinámica y tener mucha iniciativa.
5. Por no cobrar *(gagner)* bastante en esta empresa, ya estoy determinado a buscarme otro empleo.
6. Por estar aquí de meritorio *(stagiaire)*, de momento no le pagamos.
7. Por acudir a un cursillo *(stage)* cada tarde, no me queda mucho tiempo libre.
8. Nos ha dicho que tendría que dejar de fumar por tener problemas respiratorios.

Subordonnées de conséquence

§ 593-597

221 Traduisez les phrases suivantes.

1. Le spectacle était si ennuyeux *(aburrido)* que nous sommes partis à l'entracte *(descanso)*.

2. À l'heure de pointe *(hora punta)*, il y a tellement de monde dans le métro que parfois il est impossible d'y monter.

3. C'est une petite fille si éveillée *(despabilada)* pour son âge qu'elle se débrouille toute seule *(arreglárselas sola)*.

4. Le bateau tanguait *(cabecear)* tellement que les passagers eurent le mal de mer *(marearse)*.

5. Le succès de la foire est tel qu'elle durera plus longtemps.

6. Le tableau était tombé tant de fois que finalement je l'ai décroché *(descolgar)*.

7. Il travaillait si vite qu'il avait toujours fini le premier.

8. Ses performances *(marcas)* sont telles qu'un grand club vient de l'engager *(fichar)*.

Subordonnées de but

§ 598-599

222 Conjuguez les verbes entre parenthèses.

1. Para que todo no (irse) al traste, más sensatez hubiera sido necesaria entre los que participaron en el debate.

2. ¿Cuáles son las medidas que habrá que tomar para que (repuntar) la economía?

3. Al partido del jefe de gobierno le faltaban pocos escaños para que no le (presionar) los nacionalistas.

4. Cuando llegue el barco se pondrá a la tripulación en cuarentena para que no (cundir) la epidemia.

5. Para que la tierra (recuperarse) es indispensable limitar la cantidad de abonos y de productos químicos.

6. Para que no (rescindir) el contrato propóngale mejores garantías a su cliente.

7. Se necesitan numerosas obras en el sector de los medios de transporte para que (conseguir) utilizarlos los minusválidos.

Subordonnées de concession §600-605

223 Complétez les phrases par *por muy... que* ou par *por mucho / mucha / muchos / muchas... que*. Attention à l'emploi des modes et des temps.

1. Es tan fácil la prueba que ... poco ... (repasar), saldrán bien.
2. ... rápidos ... (ser) los ciclistas españoles, no lograron ganar la etapa de ayer.
3. Salvador está muy agitado, y ... (esforzarte), no conseguirás sosegarle *(calmer)*.
4. ... idiomas ... (hablar), no encontró trabajo como traductora.
5. ... ganas ... (tener) de comprarte semejante cochazo *(grosse voiture)*, nunca conseguirás ahorrar bastante.
6. ... animosos ... (ser), renunciaron a revocar *(ravaler)* la casa solos.
7. ... (prolongarse) la huelga, no cederá la patronal.
8. ... lejos ... (quedar) la ermita, iremos andando.
9. ... hambre ... (pasar), sigue con la dieta.
10. ... observadores extranjeros ... (presenciar) las elecciones, habrá fraude.

224 Conjuguez les verbes aux modes et aux temps qui conviennent.

1. Aunque ya (haber dado) las tres de la madrugada, el casco viejo *(centre historique)* sigue muy concurrido *(fréquenté)*.
2. Aunque (haberlo visto) tú misma y (contármelo), no te creería.
3. Matías no es ningún hombre de palabra: aunque (haber prometido) intervenir en favor nuestro, no cumplió.
4. Aunque (desencadenarse) la tormenta, algunos veleros no regresarán al puerto.
5. Aunque (salir) de madrugada, despertadnos.
6. Aunque (ponerse) fea la cosa *(mal tourner)*, no te inmutes *(se troubler)*.
7. Señora, aunque (ser) Vd la misma reina, no la atenderíamos antes.
8. Aunque el avión (despegar) con retraso, llegó puntual.
9. Es muy díscolo *(turbulent)* y aunque (regañarle / tú), seguirá como si tal cosa.
10. Sergio tiene malas pulgas *(mauvais caractère)*, y aunque (procurar / nosotros) evitarlo, se armará una bronca *(y avoir du grabuge)*.

225 Traduisez les phrases suivantes.

1. Quoi que vous fassiez *(usted)*, faites-le bien !
2. Tu auras beau hurler *(chillar)*, ils ne t'entendront pas : ils sont trop loin.
3. Bien que la condition féminine ait évolué, il reste beaucoup à faire dans le monde.
4. Même si les gens ont pris conscience des problèmes écologiques, ils sont encore *(seguir)* assez passifs.
5. Ils avaient beau multiplier les messages apaisants, la population restait difficile à convaincre.
6. Bien que l'alphabétisation ait été une priorité dans ce pays, les illettrés sont encore trop nombreux.
7. Le pays avait beau avoir tiré de nombreux avantages *(sacar ventajas)* de son intégration dans l'UE, les habitants ne paraissaient pas pro-européens.
8. Quand bien même tout serait automatisé, il faudrait encore des hommes pour entretenir *(mantener)* les machines *(máquinas)*.

Subordonnées de condition § 606-609

226 Choisissez le mode qui convient.

1. Si no (abandonar) el proyecto volverán las movilizaciones.
2. Si (seguir) con la deforestación de Indonesia, el daño será irreparable.
3. Si la política (ejercer) un mayor control sobre la economía, no se cometerían tantos abusos.
4. Este inversionista *(investisseur)* no estaría medio arruinado si (ser) más precavido y si no (tener) ideas tan descabelladas *(saugrenues)*.
5. Si (ser) tú quien intervienes para desbloquear la situación, entonces, me apunto yo también.

227 Transformez les phrases sur le modèle suivant.

EXEMPLE : Si no pronuncias mejor no te entenderá. ▷ Como no pronuncies mejor no te entenderá.

1. Si no estás a las ocho, me marcharé.
2. Si le interrumpís una vez más, se enfurecerá.
3. Si suscribe Vd a nuestra revista, le regalaremos una calculadora de bolsillo y una pluma estilográfica.
4. Si no le satisface el espectáculo, le reembolsaremos.

5. Si no colocáis bien los bultos *(les paquets)*, no podré cerrar el maletero.
6. Si no tenemos cuidado con el agua, pasaremos sequía.
7. Si no clasificáis las carpetas, os costará encontrar la que os haga falta.
8. Si no reducen los gastos de comunidad, los inquilinos *(locataire)* se irán.

228 Remplacez *de* + infinitif par la forme conjuguée qui convient.

EXEMPLE : De sacar tu billete antes, no hubieras viajado de pie.
▷ Si hubieras sacado tu billete antes, no hubieras viajado de pie.

1. **De recibir** su carta antes, señores, hubiéramos podido reservarles mejores habitaciones para su estancia.
2. **De no tener** bastantes existencias *(stocks)*, le pediríamos un plazo más largo para entregarle el pedido *(commande)*.
3. **De volver** a subirme el alquiler *(loyer)* el propietario, no podría seguir en este ático.
4. **De acatar** la velocidad, no te multarían tanto.
5. **De no ser** por la diferencia de edad, hubierais podido confundirles.
6. **De indicarnos** más precisamente el itinerario, no hubiéramos tenido tanto retraso.
7. **De disponer** de más dinero, me marcharía por tres semanas a las Antillas.
8. **De no creer** que Europa es el paraíso, no arriesgarían tantos emigrantes la vida cruzando el Estrecho.
9. **De andar** un poco cada día, te sentirías mejor y te recuperarías más rápido.
10. **De suspenderse** los pagos a fines de mes, los empleados estarían en un apuro *(situation délicate)*.

229 Traduisez les phrases suivantes.

1. Si j'avais eu un téléphone portable, j'aurais pu vous [vouvoiement] prévenir à temps.
2. Si vous [vouvoiement] cédiez *(traspasar)* votre magasin, vous toucheriez beaucoup d'argent et après vous vous ennuieriez.
3. Si tu n'oses pas l'utiliser, demande-lui comment fonctionne son ordinateur portable.
4. Si l'on nous y autorise, nous pourrons visiter cette usine de recyclage la semaine prochaine.
5. Les autorités savaient que les digues *(los diques)* cèderaient si le vent redoublait.

Subordonnées de manière § 610-612

230 Conjuguez les verbes entre parenthèses.

1. Montamos los muebles según (venir indicado) en las instrucciones de uso.
2. El niño supo vestirse solo sin que (intervenir) su madre.
3. Las negociaciones se desarrollaron como (haberlo previsto) la patronal y los sindicatos.
4. Los aprendices labraban *(travailler)* la madera como (enseñárselo) el carpintero.
5. De repente se distendió *(détendre)* la situación sin que nadie (saber) por qué.
6. Hizo caso de nuestras advertencias *(avertissements)* y actuó como (habérselo recomendado).
7. Añade un poco de disolvente sin que (diluirse) demasiado los colores.
8. Ya sé que me has sentenciado sin que (haber podido) justificarme.

Subordonnées de comparaison § 613-617

231 Traduisez les phrases suivantes.

1. Moins tu t'exerceras *(ejercitarse)*, moins tu progresseras.
2. Plus vous proposerez *(usted)* de stages à vos employés, plus ils s'investiront dans leur travail.
3. Moins il y aura de tensions avec les syndicats, plus la négociation sera facile.
4. Plus la RENFE fera d'efforts pour que les trains arrivent à l'heure, plus elle aura de clients.
5. Moins vous [vouvoiement] réagissez à ses provocations, plus il en profite.

232 Traduisez les phrases suivantes.

1. Le baobab est le plus grand arbre que l'on connaisse.
2. Partons ! Il est plus tard que je ne le pensais.
3. La banlieue n'est pas aussi conflictuelle *(conflictiva)* qu'on le dit.
4. Ce pilote est le plus performant *(eficiente)* que la compagnie ait engagé *(contratar)*.
5. Malgré son handicap *(minusvalía)*, il marchait aussi vite qu'il pouvait.
6. Ce gratte-ciel est le plus cher qui ait été construit.

7. La solution était beaucoup plus difficile à trouver qu'il n'y paraissait.
8. Ils se sont rendu compte qu'il y avait plus de travaux à faire qu'ils ne l'avaient imaginé.

233 Complétez par *más / menos... del que / de lo que / de la que / de los que / de las que...* selon les cas.
1. Este asunto es ... peliagudo *(épineux)* ... supones.
2. Alberto era mucho ... ingenioso ... aparentaba.
3. He comprado muchas ... manzanas ... me habías dicho porque habían bajado de precio más de lo previsto.
4. Desgraciadamente muchos ancianos disponen de bastantes ... recursos ... creían antes de jubilarse.
5. –Mira, lo siento, necesito ... tiempo ... pensaba para arreglarte el piso.
–No te preocupes, soy ... exigente ... te imaginas.
6. Gozamos de ... ventajas ... se cree, y de ... inconvenientes ... nosotros mismos creemos.
7. Le han otorgado ... subsidios ... le hacían falta y está plagado de deudas.
8. Los entrenadores estuvieron bastante decepcionados porque el atleta corría mucho ... rápido ... presumía.
9. Ten cuidado porque el coche que acaban de lanzar es bastante ... seguro ... anuncian.
10. Después de las pruebas orales, algunos estudiantes pensaron que habían tenido ... suerte ... se merecían.

Corrigés

Oral et écrit

1 L'accent tonique

1 Teodoro no se atreve a salir del portal. Lo primero que piensa es que hoy es fiesta y que la gente **continúa** en sus casas. Un instante **después**, sin embargo, comprende que eso no es posible. Aunque fuese fiesta, esa circunstancia no **podría** explicar tanta soledad. Tal vez los vecinos del barrio se hayan ido en bloque del barrio. Tal vez **continúen** en sus casas, aterrorizados por un peligro que **él aún** no conoce. Sigue cavilando, tratando de encontrar razones, y el silencio, mientras tanto, le va envolviendo en oleadas cada vez **más** espesas. Parece como si saliese del fondo de todas las cosas. No es, desde luego, el silencio de los **días** festivos, ni siquiera el que precede las emboscadas. Es, mejor, el silencio que sigue la muerte.

2 la democracia • el diente • viable • la **vía** • la huida • la **policía** • el baile • el **maíz** • el maizal • el **frío** • la **miopía** • una friolera

3 1. En el siglo XVIII estaba de moda el **rapé** entre los **aristócratas**. 2. Hace años, cuando me **encontré** con **él**, no le **conocí** porque en la mili le **habían** cortado el pelo al rape. 3. Nada **más** volver, se **comió** una buena **raja** de **melón** y otra de **sandía** para la merienda. 4. **Fíjate**, se ha enfrascado en un **novelón** cuya intriga corresponde a la **época** del **último rajá** de la India. 5. Les **sorprendió** bastante que un chico tan **lúcido** se haya dejado embaucar tan **fácilmente**. 6. ¡**Estáis lucidos**! **así** fue como nos **acogió** tras enterarse de lo sucedido. 7. **Éste** no sabe ni **papa** y me fastidia que se las **dé** de listo. 8. ¿**Serás tú** de esos hombres a quienes se les cae la baba cuando se vuelven **papás** por primera vez?

4 1. Me dijo que **sí** varias veces, y total, nada, no **apareció** cuando le **esperábamos** para las seis. ¡**Qué** chasco nos llevamos! 2. −Cuando estemos con **él**, no se te olvide enseñarle el documento del que hablamos ayer. −No te preocupes, no se me **olvidará enseñárselo**. 3. **Llámenos** a las dos si quiere que le contestemos precisamente, y **dígale** a su colega que todo **saldrá** bien. 4. −**Tú** y yo somos amigos, ¿verdad que **sí**? −**Sí**, pero si sigues **molestándome**, a lo mejor se **acabará** pronto la amistad. −¡**Qué** va! 5. −No te des la vuelta, que nos **están** mirando. −**Sí** que **están mirándonos**, pero ¿por **qué**? 6. −No hay quien pueda con este chico. − ¿Con **quién**? − Con el chico de al lado, el que tiene aquel perrazo. −¡Ah, **éste**! −**Sí**, **éste**.

5 Pero de todas las ciudades posibles **sería** la **más** extraña, si no la **más** temible, la populosa ciudad de las estatuas, habitada **únicamente** por criaturas de **mármol** o de bronce, **ángeles** de yeso, crucificados de **plástico**, **maniquíes** de cabeza calva y miembros desquiciados, cabezas cortadas en las alacenas oscuras de las **sombrererías** y estatuas de cera que, obedeciendo a la contraseña de don Luis Buñuel, huyeran de los museos al amparo de la noche y fueran a posarse como grandes mariposas al fondo de los zaguanes, **detrás** de las esquinas, en medio de las plazas, sembrando en todas partes el mismo **escalofrío** que provocaban en las iglesias antiguas las **melancólicas** estatuas de los monaguillos que **ofrecían** en la penumbra **húmeda** un cepillo de limosnas y **tenían**, a la luz de las velas, un brillo **pálido** en sus rostros de niños embalsamados.

Le groupe nominal

2 Le nom

6 la miel • el dolor • la sangre • el aceite • la leche • el Garona • la clave • los Pirineos • la sal • la calma • el dilema • la labor • la estratagema • la tesis • la sor

7 1. el calavera 2. el cura - la comarca 3. los antidisturbios - el orden 4. los pendientes 5. la escarcha - la pendiente 6. la cura - el médico - los dolores 7. el grito - la orden 8. las calaveras - las catacumbas

8 1. el Garona - el Loira 2. el Pirineo - los Alpes 3. el calor - el frescor 4. *Los mares del sur* 5. la mar 6. el Báltico 7. las labores del campo

9 cruces • colores • los árboles • tabúes • claveles • alhelíes • iraníes • las paredes • rubíes • bambúes • actrices • los reyes

10 colchones • las situaciones • los mítines • exámenes • los eslóganes • los andenes • limones • motines • crímenes • los eslabones

11 1. los árboles frondosos 2. niños charlatanes 3. payeses fornidos 4. volúmenes impresionantes 5. pájaros saltarines 6. los lápices romos 7. regímenes democráticos

12 1. un análisis específico 2. un artista albanés 3. una hipótesis ingeniosa 4. un feligrés devoto 5. una nube gris 6. una tos cavernosa 7. un camarero cortés

13 1. las tesis - los análisis - líderes políticos 2. los alquileres - las nubes - mis papás - unos meses 3. los fantásticos especímenes - estos científicos - las futuras colecciones 4. los goles - los jugadores 5. los relojes - las luces - semejantes apagones 6. los pescadores - los peces - unas especies 7. los jazmines - los jardines - rosales - arrayanes

14 la llavecita • un barquito • la ruedecita • una siestecita • el abuelito • el cofrecito • un chiquillo • un alfilerito • un trenecito • una nuececita • una cancioncita • un dolorcito • el cochecito

15 1. callecita 2. manitas - piececitos 3. vientecito/vientecillo - rinconcito 4. señorito - panecillos - tacita 5. lucecita 6. vocecita

7. plazoleta/plazuela 8. hombrecito - cuellecito - bracitos -piernecitas 9. jardinillo 10. solecito

16 1. lo rojo - lo azul 2. lo extraño 3. lo duro 4. lo difícil - lo peor 5. lo interesante - lo bueno - lo ocurrido 6. lo caro - lo barato

17 1. su reír 2. un andar 3. el beber y el comer 4. el vivir 5. un chirriar 6. el piar 7. tu hablar 8. el galopar 9. el *Cantar de los cantares* 10. "el dulce lamentar..."

3 Les déterminants (actualisateurs) du nom

18 1. Ø - Ø 2. unos 3. Ø - unos 4. unos 5. unas 6. unos 7. Ø 8. unos - unos

19 1. Ø - la 2. Ø - la 3. los 4. las - Ø 5. la – los 6. los 7. Ø - el 8. la - Ø 9. Ø - el 10. Ø - la

20 1. el 2. el - el - las - las 3. el - la 4. el 5. las arcas

21 1. Volvemos **del mercado con numerosas bolsas.** 2. **El martes por la noche**, vamos **al concierto** a escuchar a **unos músicos polacos.** 3. Tener **hijos** es **una decisión** importante. 4. No me gusta ir **al supermercado los sábados.** 5. Háblame de **las últimas exposiciones** que has visto.

22 Dentro había **un** paquete de pañuelitos de papel, **un** peine, Ø barra pintalabios, **un** monedero, **una** cartera de piel haciendo juego con **el** bolso, Ø facturas de restaurantes, **una** polvera, Ø lápiz de ojos, **una** pistolita automática **del** 7,65 de cachas de nácar, cargada, y **una** foto de **un** tipo sonriente y guapo con **una** dedicatoria en la que decía: "Te querré siempre. René."
El cabello era rizado, **la** sonrisa insinuante pero **los** ojos decían a **las** claras que uno no debía fijarse en esas cosas.

23 1. Les entrepreneurs veulent l'aide du gouvernement pour construire des maisons bon marché et les futurs propriétaires demandent un crédit gratuit et des remboursements à long terme. 2. Quand je rentre tard du travail, je me prépare des sandwichs avec du pain de mie, de la mayonnaise, de la salade, du jambon et des cornichons. Je bois un peu de vin, mais surtout de l'eau bien fraîche. 3. L'aide humanitaire consiste à envoyer de l'argent mais aussi de la nourriture et des médicaments aux pays en voie de développement.

> *En général, le partitif français ne se traduit pas en espagnol.*
> Les entrepreneurs veulent **de l'aide** du gouvernement. ▷ Los empresarios quieren **ayuda** del gobierno.
> *En revanche, il se traduit s'il est accompagné d'un démonstratif ou d'un possessif.*
> Je veux du jus ; je veux de ce jus. ▷ Quiero **zumo** ; quiero **de** este zumo.

24 1. Quisiera pan de centeno para comer con ostras. 2. Mucho sentido del humor, talento, ánimo, es lo que les exigimos a nuestros empleados. 3. Necesitamos tiempo para mejorar la calidad de nuestros productos. 4. Hazle café para despertarle. 5. ¿-Quieres más tarta de manzanas? - Sólo un trozo con nata.

25 *Les adjectifs accompagnés du nom sont soulignés, les pronoms sont en* **gras**.
1. esta bici - **ésa** 2. esta camisa - este pantalón - **ésa** - **aquél**. - 3. **aquéllos** - **éstos**. - 4. **esto** - **éste** 5. **aquello** 6. esta lámpara - **ésta**

> *Les pronoms sont accentués (attention à ne pas confondre* **ésta** *= pronom démonstratif et* **está** *= verbe* estar*), sauf les pronoms neutres* (esto - eso - aquello). *Les adjectifs font partie d'un groupe nominal.*

26 1. este 2. ese – esto 3. estos - esos 4. esta - ésa 5. ésas - éstas 6. aquellos 7. este - ése - aquél 8. este

27 1. He seleccionado la fruta, coge la que está encima. 2. Estos vaqueros no me sientan, y además prefería los de la otra tienda. 3. Deja esas bolsas, son las de los niños, las llevarán ellos mismos. 4. Esta chica es simpática, pero aquélla con quien viniste ayer no lo era 5. Estos viajantes son los que convencen a más clientes. 6. Entre los candidatos, el que ha de echar un discurso lleva un traje gris oscuro. 7. –¿Quién es el portavoz del gobierno? –Aquél a quien ves allí, en la entrada de la sala.

8. El viaje del año pasado era apasionante, no el de este año.

28 1. Hablaron durante mucho tiempo de sus experiencias. 2. Su suerte me preocupa mucho. 3. Su triunfo nos dio mucho gusto. 4. Sus maletas han sido estropeadas *(mais il vaudrait mieux dire :* les han estropeado las maletas*)*. 5. Señor, ¿cuáles son sus intenciones? 6. Señora, su carta certificada acaba de llegar. 7. ¡Clara, Luis! Bajad, ha llegado vuestro taxi.

29 1. « Ces chaussures de ski sont-elles à toi ? – Non, elles sont à Valeriano. » 2. Ton tapis est plus épais que le mien et il est de meilleure qualité. 3. « À qui est la voiture qui est mal garée ? – Elle est à moi. – Eh bien si elle est à vous, changez-la de place. » 4. Nous aimons votre/leur pays, ses coutumes, (ce pays) si différent du nôtre, de nos traditions. 5. Fiston, fais comme ta sœur, fais plus attention à tes affaires. 6. Dis donc, j'ai emporté ton livre au lieu du mien ; quant aux leurs, ils sont restés sur la table. 7. « Mes souvenirs sont un peu flous. Et les tiens ? – Les miens ? Pareil. » 8. Messieurs, vos bénéfices sont en augmentation et les résultats de votre usine sont encourageants.

30 1. su - el mío 2. su - el nuestro 3. vuestro - vuestras 4. su 5. tus 6. tus - las mías 7. su - suyas 8. su - sus

31 1. No lo toques; es mío; si te digo que es el mío. 2. Deja esta raqueta; es la suya/la de él; la tuya está allí. 3. ¿Dónde están las mochilas? Las vuestras están aquí, pero, ¿dónde están las nuestras y las suyas/las de ellos? 4. –Pablo me parece que es tu reloj. –No, es el de Javi; sí es el suyo. 5. –¿Es tuyo o es de él/suyo? –Es de él/suyo.

32 1. sesenta **y** seis: 66 2. cuatrocientos Ø doce: **412** 3. setecientos Ø veinte **y** cuatro: **724** 4. dos Ø mil Ø siete: **2007** 5. mil Ø quinientos Ø treinta **y** ocho: **1538** 6. cincuenta **y** tres Ø mil Ø setenta **y** uno: **53 071** 7. ochocientos Ø setenta **y** nueve Ø mil Ø cuarenta **y** cinco: **879 045** 8. diez **y** seis Ø millones Ø cuatro: **16 000 004**

33 1. ciento un 2. ciento (*ou* cien) (ciento *pour la réponse grammaticalement correcte, mais à l'usage, plutôt* cien *dans la mesure où on sous-entend* carpetas) 3. ciento por ciento (*mais aussi* cien por cien) 4. ciento dos 5. cien 6. cien mil

34 1. cuatrocientos cincuenta y dos sillones 2. novecientos avestruces 3. mil setecientas dos maletas 4. tres mil quinientos trece frascos 5. trescientas mil palabras

35 1. **1968** : mil novecientos sesenta y ocho 2. **127** : ciento veintisiete/veinte y siete - **21** : veintiún/veinte y un 3. **1515** : mil quinientos quince 4. **1998** : mil novecientos noventa y ocho 5. **711** : setecientos once 6. **xxi** : veintiuno/veinte y uno - **2001** : dos mil uno 7. **3113** : tres mil ciento trece 8. **100** : ciento (cien, *si l'on considère que* sellos *est sous-entendu*)

36 1. Carlos Primero - Carlos Quinto 2. Luis Catorce 3. Carlos Tercero 4. Isabel Segunda - Isabel Primera 5. Alfonso Segundo 6. Alfonso Décimo

37 1. poca 2. mucha - mucha - poco 3. pocos - muchos 4. poco 5. pocos - muchos 6. pocas 7. pocas 8. poca 9. muchos 10. pocas

38 1. muchas - mucha 2. muchas - mucha 3. mucho 4. mucho - mucho 5. mucho - mucho

> **Mucho** *s'accorde en genre et en nombre lorsque* **más** *ou* **menos** *sont suivis d'un substantif. Il reste invariable lorsqu'ils sont suivis d'un adjectif. Cette règle est valable aussi pour* **bastante** *qui s'accorde en nombre (phrase 1 :* Unos de los acusados tenía **bastantes** más circunstancias atenuantes que el otro, pero manifestaba **bastante** más agresividad.*)*

39 1. demasiados 2. demasiadas 3. bastantes 4. pocos 5. bastante 6. poca 7. bastantes 8. pocas 9. demasiada/bastante 10. bastantes/demasiados - pocos

40 1. nadie 2. alguien 3. nadie 4. alguien 5. alguien - nadie 6. alguien

41 1. ambas - sendos 2. ambas - sendas 3. ambos - sendos 4. ambos 5. ambas 6. sendas 7. sendos 8. ambas - sendos

42 1. pocos 2. bastante 3. mucho/bastante 4. bastantes/demasiados 5. demasiada 6. poca 7. demasiada 8. tamaña 9. tanto 10. mucha - mucha

43 1. cualquiera 2. cualquiera 3. cualquier 4. cualquier 5. cualesquiera 6. cualquiera 7. cualesquiera - cualquiera 8. cualquier

44 ¿Y, Alicia? ¿Qué te parece todo esto? ¿No te da pena pensar que Mario murió en El Salvador y que Charlie se arrojó al metro y que don Raúl murió en su ley y que nadie ha vuelto a saber nada de Greta? ¿Y <u>por qué</u> demonios te va a dar pena si no los conociste? ¿Y <u>por qué</u> demonios tendrías que haberlos conocido? ¿Y <u>cómo</u> demonios los habrías podido conocer si eras todavía una colegiala cuando el último de ellos murió? ¿Sabes <u>por qué</u> se arrojó al metro Charlie? ¿Te interesa saber <u>cómo</u> era Charlie y <u>cómo</u> sólo un tipo como él se pudo tirar al metro por una cosa así?

45 1. cuántos 2. quién 3. quién - cuánto 4. qué - cuáles/quiénes 5. quién 6. cuáles - cuántas 7. quién 8. qué 9. quiénes 10. cuántas

46 1. qué - qué 2. qué 3. cuánto - qué 4. cuánto - qué 5. cuántas 6. qué 7. cuánto 8. qué

4 L'adjectif qualificatif et ses équivalents

47 1. marroquí 2. guatemalteca 3. andaluza 4. portuguesa 5. árabe 6. catalana

48 1. tajante 2. animosa - empollona 3. termal - embotellada 4. exótica - parlanchina 5. superior - baja 6. rebelde - encantadora 7. innovadora 8. delgada - regordeta

49 1. camisetas azul marino 2. vestidos azules 3. unas enaguas rojas 4. una blusa rojo claro 5. ojos negros 6. uniformes verde oliva 7. sábanas blancas 8. una peluca castaño claro

50 1. santo 2. santo 3. san 4. santo 5. san 6. san 7. santa 8. santo 9. san 10. santo

51 1. gran 2. grande 3. gran 4. Gran 5. grandes 6. grande 7. gran 8. grandes 9. gran 10. grande

52 1. buena - buen 2. buen 3. bueno - bueno 4. buena 5. bueno

53 1. sesenta y un 2. doscientas una 3. treinta y uno 4. cincuenta y un 5. uno 6. veintiún/ veinte y un - cuarenta y una

54 1. una 2. algún 3. uno - ninguno 4. ninguno - uno 5. algún - ninguno 6. algún 7. ningún 8. alguna 9. alguno 10. alguno

55 1. **La primera vez** que le vi, no me sentí muy a gusto. 2. Me costó leer **el primer capítulo,** pero **a partir del tercero,** estaba embelesado/embelesada 3. Se decía de él que era **un hombre alto** y no **un gran hombre.** 4. Hacía **tan malo** que era imposible dar un **buen paseo.** 5. Lo siento, **no tengo ninguna idea, ningún proyecto** que proponerle. 6. Habíamos encendido **un buen fuego en una gran chimenea** para **esa primera tarde** de invierno.

56 1. tan parlanchines como 2. menos soleados que 3. más alto que 4. menos fuerte que - tan valiente como 5. menos cara - más potente que 6. tan vacío como 7. más rocosa que 8. menos concurrida que

57 1. Es la película **más cara** de la historia del cine. 2. El mes de agosto suele ser **el más caluroso** del año. 3. Es el jardín **más cuidado** de todos. 4. Este coche es el que **menos contamina.** 5. Este ministro es **el más popular** del gobierno.

58 1. viejísima - cultísima 2. aisladísima 3. larguísimas 4. impresionadísimos 5. ferocísimo 6. fresquísima 7. feracísima 8. calentísima 9. riquísimo 10. pesadísima

59 1. sapientísimo 2. fidelísimo 3. antiquísimos 4. pobrísimo/paupérrimo 5. celebérrimos 6. amabilísima 7. crudelísimo 8. salubérrimo 9. fuertísima/fortísima 10. agradabilísimo

60 1. Este nuevo producto no es tan competitivo como el anterior. 2. He escogido las localidades menos caras/más baratas para este concierto. 3. El tren es tan práctico como el avión para los pequeños recorridos. 4. Es el mejor sitio para edificar/construir/levantar la fábrica: es el más agradable y el mejor comunicado. 5. Este edificio/inmueble es más antiguo que ése, pero es el menos destartalado. 6. Santo Domingo de Silos es uno de los más hermosos monasterios de la comarca/región. 7. A pesar de la huelga la gente no parecía tan nerviosa como de costumbre. 8. Es el peor otoño desde hace diez años: es el más lluvioso, el más ventoso.

5 Les substituts du groupe nominal

61 A ti te gusta mucho la música; por eso te he regalado un tocadiscos. Ahí lo tienes. Un tocadiscos y dos discos de esos grandes con canciones de ... Bueno, tú ya sabes que yo nunca me acuerdo de los nombres.
Y ahora está ahí, sonando al fondo del pasillo, en la cocina donde tú pasas tu tiempo, mientras yo permanezco aquí sentado delante del vaso de vino que no me apetece y del libro abierto que no puedo leer.
–¿Quieres emborracharte?, pues toma vino. Toma y bebe cuanto quieras, me dijiste.

62 1. Cuando pueda, mánde**me** el dinero. –Si acabo de mandár**selo.** 2. ¿**La** encontraste/Te encontraste **con ella** ayer u hoy? ¿Cuándo **le** hablaste por última vez? ¿Qué **le** contaste? ¿Dónde **la** dejaste? 3. ¿Qué tengo que ver **yo** con ese lío? No me concierne/no me siento concernido. Y a **Vd,** señor, ¿qué **le** parece? 4. Hijitos míos, **os** hemos preguntado si no era demasiado lejos para **vosotros.** 5. Eran **ellos** quienes habían descubierto esta vacuna, y **la** habían comercializado bastante rápido.

63 1. mí 2. mí 3. nosotros 4. sí 5. mí 6. consigo 7. ti 8. él

64 1. vernos - os lo - lo - mí - os - me las 2. él - ti - mí me 3. ustedes - lo - se me - me lo 4. se - él - se. 5. él - haberse

65 1. está entrevistándoles 2. están observándonos 3. estoy registrándolo 4. sigues telefoneándole 5. seguimos escribiéndoles 6. vamos visitándolo 7. están peinándose 8. seguís leyéndolo

66 1. los 2. las 3. la 4. lo 5. la 6. lo 7. lo 8. lo 9. le 10. las

67 1. anúnciaselo 2. decídselo 3. devuélveselo 4. guisádnosla 5. indicádselas 6. acérquennoslos 7. expónganselos 8. échamelas

68 1. se las 2. se los 3. se lo 4. se la 5. se lo 6. se lo 7. se los 8. se las 9. se lo 10. se lo

69 1. se deben 2. se tienen 3. se indica 4. se nos indemnice 5. se debe 6. se utilizan - se dirigen 7. se ha 8. se nos hospede

> *La construction est toujours la même :* **se** *+ verbe à la 3ᵉ personne du singulier ou du pluriel selon la nature et le nombre du complément.*

70 1. Se supone 2. se puede 3. se multa 4. se despachan 5. se contrata 6. se inundaron 7. Se buscan 8. se firman

71 1. Cuando **uno es** peatón o ciclista siempre tiene miedo a que le **atropellen**. 2. Durante años en Madrid lo **estuvieron destripando** todo. 3. Para reducir el consumo en la empresa ya no **se encienden** tantas luces de noche y no **se pone** tanto aire acondicionado. 4. Si **uno no sabe** de informática le será difícil desenvolverse en el mundo empresarial. 5. Por la sequía **se prohíbe** llenar las piscinas y regar los jardines. 6. "La vida se encarga de **irle quitando a una/uno** las ilusiones", solía decir la abuela. 7. Con Internet **se estafa** aún más fácilmente a la gente poco precavida. 8. Cuando las manifestaciones, **se bajan** los cierres metálicos de las tiendas.

72 1. Este año se prevé un invierno precoz. *[généralité]*
2. Cuando uno/una es joven, no piensa en la jubilación. *[« je » déguisé]*
3. Al volver del trabajo uno/una se relaja un poco. *[verbe pronominal]*
4. En esta exposición, uno/una puede pasear(se) y también comprar productas / la gente puede pasear(se) y comprar productos *[verbe pronominal ou généralisation possible, « les gens »]*
5. –¿Qué habéis decidido? –Seguimos vacilando. *[on = nous]*

73 1. Tenemos demasiadas existencias y no sabemos qué hacer con ellas. 2. –¿Ya no tienen este modelo? –No, pero tenemos otros. 3. Si fuéramos (allí) sería para echarte una mano. 4. Son nuevos proveedores. Cuanto más voy pensando en ellos más fabulosos los encuentro. 5. Quisiera tres pirulíes de limón, y también quisiera otros dos de naranja. 6. –¿Vas a Valencia para Fallas? –Sí, voy. 7. –Vamos a organizar un mitin, ¿vendrá usted? –Lo dudo. 8. Es un gran almacén; allí se encuentra de todo. 9. ¿Estás segura de habérmelo transmitido? Pues no lo recuerdo. 10. Les he encargado diez litros de pintura, y necesitaría otros cinco más.

74 1. que 2. quien 3. los cuales 4. quien 5. quien/la que 6. lo que 7. lo que 8. quienes/los que

> *Le proverbe de la phrase 2 est : « Qui ne dit mot consent. »*

75 1. que - quien 2. quien 3. que 4. quien 5. quienes

76 1. Es un chico solitario **cuyo paradero** ignoramos. 2. Pronunció un largo discurso **cuya conclusión** dejó atónitos a los oyentes. 3. Era una actriz guapísima **con cuyo físico** soñaron varias generaciones de adolescentes. 4. Afortunadamente seguía siendo una zona silvestre **cuyos paisajes** atraían a numerosos senderistas. 5. Se incorporaron nuevas socias en la empresa **cuya personalidad** nos asombra a todos.

77 1. de quien 2. cuya 3. de los cuales 4. de quien 5. cuyos

78 1. Este ciclista **de quien** los reporteros no paran de hablar es gallego. 2. ¡Qué cambiado está este parque **por cuyas** avenidas solíamos perseguirnos en monopatín! 3. Se está muriendo el roble **entre cuyas** ramas anidaban tórtolas. 4. A lo lejos se veían los montes de León **en cuyas** laderas pacían rebaños de ovejas. 5. Eran unos pilluelos **de quienes** se pasaban el tiempo maldiciendo en el pueblo.

79 1. Vd me habla/Vds me hablan/Vosotros me habláis de un chico de quien/del que no me acuerdo nada/de quien no guardo ningún recuerdo.
2. Vamos a Lanjarón cuyas aguas son famosas.
3. Es una candidatura interesante de la que tenemos que discutir.
4. Luis Buñel, cuyas películas le gustan a usted/les gustan a ustedes/os gustan, era aragonés como Goya.
5. Esta secretaria cuyo currículo acabo de recibir me parece muy eficaz.

80 1. Era **el pueblo donde/en el que** él había nacido/nació; **el año en que** volvió le pareció que todo había cambiado.
2. **La región de donde/de la que es oriundo** es una de las más desérticas del país.
3. **Desde aquí donde estamos** divisamos todo el Sardinero.
4. Los esquiadores saben exactamente **por donde pasar.**
5. Creo que fue durante **los meses en que** hubo tantas inundaciones.

Le groupe verbal

6 Les types de verbes

81 1. es 2. es 3. está - es 4. *son* - es 5. estar
6. está - está 7. es 8. estáis 9. son - son
10. somos - es - es - somos

82 –Diga, diga, pero, ¿quién **está** al habla?
–Pues **soy** Betina Pérez Gago. Buenas tardes.
Soy la hija del señor Pérez quien **estuvo**
trabajando en su empresa hace algunos años.
De momento **estoy** en Londres pero vuelvo a
España dentro de dos meses y **estoy** buscando
un puesto en una editorial. Mi padre me dijo
que llamara al señor Solé.
–Buenas. Pues mire, el señor Solé **está** de viaje
hasta el jueves. Yo no **soy** nadie para tomar
decisiones y le propongo que vuelva a llamar
cuando (él) **esté** de vuelta. De todas formas,
mándenos su historial cuanto antes.
–Vale, se lo mando por Internet.
–Nuestra dirección **es** la siguiente...

83 1. Érase que se era.../Érase una vez...
2. Éramos un centenar delante de la pantalla
gigante. 3. Es raro que siempre estés cansado.
4. Me parece que era durante las vacaciones.
5. No toques la cacerola, está demasiado
caliente. 6. Estamos listos, y tú, ¿estás vestida?
7. Es tonto pero estoy perdida. 8. Los juguetes
están en su sitio; todos son tuyos. 9. Todavía no
está en su casa; claro, es demasiado temprano.
10. El cielo está encapotado, va a llover, es
cierto.

84 1. fueron - estaban 2. estuvieron - estaba
3. fue - estaba - estaba 4. estaba - estaba
5. estaba - era 6. estaba - era - estaba - estaban
7. fue - fue - estuvo 8. era - estaba 9. fui - era
10. eran - estaban

85 1. es 2. estáis - es 3. está 4. son 5. estaba
6. es 7. siendo 8. están

86 1. está - está 2. es - sea 3. son - son
4. estaban 5. es - es - es - está 6. estaba -
estaba 7. estoy 8. está - está - están

87 1. ser - es 2. está - está - fuera 3. está - está
- estamos 4. eres - es - está 5. están - es - son

88 La mayoría de las veces los *pateros* que
son el último eslabón de una red, no **son**
identificados y vuelven a Marruecos o Argelia
repatriados como los demás. [...] La primera
sensación que tienen los tripulantes de la
patrullera cuando suben a los inmigrantes
a bordo **es** de una impotencia total. Los
inmigrantes no **son** violentos, se resignan.
"Cuando nos ven saben que todo ha acabado.
Han **estado** currando como bestias para
ahorrar el precio del viaje, y en una noche, en
un momento, lo pierden todo. Para nosotros **es**
muy duro pero **es** nuestra obligación", explica
el cabo Rafael, el patrón.

89 1. Los periodistas interrogan **a** los
diputados después de la sesión parlamentaria.
2. Desde la terraza divisamos **a** los esquiadores
que están en el teleférico. 3. Es ornitólogo
y observa las aves migratorias. 4. Hemos
contratado **a** un electricista para modernizar
toda la instalación eléctrica. 5. Desde casa
oímos el ruido de las olas y esto excita **a** los
niños. 6. No puedo informarle **a** usted, no
conozco **a** nadie aquí.

> *On met la préposition* a *quand le c.o.d.
> est une personne (en principe déterminée,
> mais on met aussi* a *devant* **nadie, alguien,
> gente***...).*

7 Les formes du verbe

90 1. je ne pensais pas 2. il faisait cours
3. qu'il soit là ou pas 4. quoi qu'il en dise 5. ce
qui devait arriver 6. j'aurais dû/il aurait dû 7. il
ne pensait pas 8. je faisais le tour 9. quand je
serai 10. que je te le dise/de te le dire

91 1. *voix active* : te has levantado 2. *voix
passive* : ha sido/fue revocado 3. *voix active* :
hemos subido 4. *voix active* : he ido - (+ *forme
pronominale)* me he divertido 5. *voix active* :
han sido/fueron 6. *voix passive* : fue pin-
tado

92 1. passé simple 2. passé simple 3. indicatif présent 4. passé simple 5. indicatif présent 6. passé simple 7. indicatif présent 8. indicatif présent 9. passé simple 10. indicatif présent.

93 1. indicatif présent, 1ʳᵉ du singulier 2. indicatif passé simple, 3ᵉ du singulier 3. indicatif présent, 1ʳᵉ du singulier 4. indicatif passé simple, 3ᵉ du singulier pour les deux verbes 5. indicatif présent, 1ʳᵉ du singulier 6. subjonctif imparfait, 3ᵉ du singulier 7. subjonctif présent, Vd - indicatif futur, 3ᵉ du singulier 8. indicatif passé simple, 1ʳᵉ du singulier 9. indicatif présent, 1ʳᵉ du singulier 10. indicatif passé simple et subjonctif imparfait, 3ᵉ du singulier 11. indicatif futur, 3ᵉ du singulier

■ *Remarquez les accents.*

8 La conjugaison régulière

94 1. borrar 2. barrer 3. cometer 4. permitir 5. sacudir 6. escupir 7. alcanzar 8. responder 9. eludir 10. prometer

| *Les verbes en* **-ar** *se terminent par* **-amos** *ou* **-áis**, *les verbes en* **-er** *par* **-emos** *ou* **-éis**, *ceux en* **-ir** *par* **-imos** *ou* **ís**.

95 1. acudan 2. termine - vivan 3. participes - me ayudes - la vendamos 4. enviéis - la recibáis - contestéis 5. dimita - corra 6. le disuadamos 7. lo ordene - regresen 8. le suprimamos

96 1. lea 2. monte 3. apréndase 4. recorra 5. rellene 6. reparta 7. suba 8. escriba

97 Mientras **buceaba**, a Arnaldo le **gustaba** sacar fotos de los fondos marinos que **descubría**. Luego, cuando **volvía** a la superficie, **nadaba** durante unos minutos más y **salía** del agua cuando **empezaba** a notar el cansancio. Entonces **se tendía** para que le secara el sol, **recogía** todas sus cosas y **cogía** el autobús para reunirse con nosotros, quienes le **esperábamos**, impacientes por ver las fotos. Entre todos las **revelábamos** en su pequeño laboratorio mientras **discutíamos** y **reíamos** todos juntos. ¡Qué tiempos aquellos!

98 **Temblaban** todos los cristales de la casa y mi tía Pureza **rezaba** [...] mientras **freía** patatas en la cocina. Las baterías alemanas camufladas bajo los naranjos de Vilarreal **estaban** castigando el puerto de Borriana. Por la calle no **cesaban** de pasar carros de refugiados con niños y enseres. Llegué a este mundo bajo la lluvia de hierros de una guerra civil [...]. A medida que mi conciencia **se abría** en ella sólo **penetraban** imágenes de rostros famélicos, ojos llenos de lágrimas, caretas antigás, gente hacinada en el refugio donde mi tía **seguía** rezando al Santo Inmortal y yo mismo **estaba** dentro de un capazo cuyo trenzado de palma **me parecía** la sillería de un muro que no podría saltar nunca.

99 1. exigí / exigió 2. doblé / dobló 3. recogí / recogió 4. sacudí / sacudió 5. enchufé / enchufó 6. retrocedí / retrocedió 7. me extravié / se extravió 8. infundí / infundió 9. permanecí / permaneció 10. facturé / facturó

100 1. dedicaron 2. planeó - empezaron 3. se encapotó - se sucedieron - tronó - me estremecí 4. repartimos 5. sonó - nos sobresaltamos. 6. acometieron - duró 7. emprendí - renuncié - me salieron

101 1. atraeréis 2. se lucirá 3. le pillarán y acabará 4. eludirás 5. os suspenderán 6. reduciremos 7. lo recapacitaré - te avisaré

102 1. Esta mañana he madrugado. 2. Hemos ensayado la escena hasta las seis. 3. Lo han decidido ahora mismo. 4. ¿No te has afeitado hoy? 5. Los socios han cerrado el contrato esta tarde. 6. Ella se ha torcido el tobillo bailando.

| *Le passé composé se construit toujours avec* **haber + *participe passé invariable et inséparable de l'auxiliaire**. Il en va de même pour tous les autres temps composés.*

103 1. desenchufado 2. expedido - encargado 3. escondido 4. ceñido 5. vencido 6. oído - contado 7. caído 8. ocurrido 9. sido 10. regido

■ *Le participe passé reste invariable.*

9 La conjugaison irrégulière

104 1. conmover 2. sentarse 3. acertar 4. volar 5. soltar 6. recomendar 7. aprobar 8. nevar - helar

Diphtonguent en **ie** : sentarse, acertar, recomendar, nevar, helar.
Diphtonguent en **ue** : conmover, volar, soltar, aprobar.

105 1. me sosiego / nos sosegamos 2. entiendo / entendemos 3. vuelvo / volvemos 4. juego / jugamos 5. enciendo / encendemos 6. remuevo / removemos 7. me muero / nos morimos 8. compruebo / comprobamos

106 1. No enciendas todas las luces, enciende sólo las del salón. 2. Prueba este nuevo vino, y recuerda su nombre, porque es exquisito. 3. Piense/Piensen /Pensad en cancelar este viaje con la agencia. 4. Cuenta conmigo para esta misión, pero no cuentes con ellos. 5. Si realmente no os tenéis/no se tiene/no se tienen en pie, acostaos/acuéstese/acuéstense, y rehaced/rehaga/rehagan fuerzas.

107 1. –¿Qué destino **elige** Vd? – **Elijo** Salamanca. 2. –¿Cómo se **visten** para este carnaval? –**Nos vestimos** de arlequín. 3. –¿De qué **te ríes**, chico? –**Me río** de las bromas que le gasta Antonio a la vecina. 4. –¿**Seguís** el mismo rumbo que vuestros padres? –No, **seguimos** caminos diferentes. 5. –¿De qué color **le tiño** el pelo? –Pues, mire, **me lo tiñe** de castaño oscuro.

108 1. despedir 2. herir 3. discernir 4. elegir 5. mentir
pedir: despedir, elegir
sentir: herir, discernir, mentir

109 1. advierto 2. destiñe 3. nos impide 4. le sirvo - sigue 5. te refieres 6. concibo 7. nos concierne 8. se derriten

110 1. subvierta / subvirtamos 2. adhieras / adhiráis 3. se lo sugiera / se lo sugiramos 4. se convierta / se conviertan ellos en hombres de negocios 5. zahieras / zahiráis

Tous ces verbes se conjuguent sur le modèle de **sentir**. Donc ils diphtonguent aux trois premières personnes du singulier et à la troisième personne du pluriel et s'affaiblissent aux deux premières personnes du pluriel du subjonctif présent.

111 1. se lo consintáis 2. nos expida 3. se travistan 4. te yergas/irgas 5. te ciña 6. asintáis 7. os arrepintáis 8. sofrías

112 1. me despedí / me despidiera 2. sofrieron / sofrieran 3. digerí / digiriera 4. concebiste / concibieras 5. proseguí / prosiguiera 6. se derritieron / se derritieran 7. te dormiste /te durmieras 8. se murieron / se murieran 9. revirtió / revirtiera 10. diferiste / difirieras

Lorsqu'il n'y a pas de **i** tonique à la terminaison, le **e** du radical s'affaiblit en **i**.

113 1. convirtiendo 2. divirtiendo 3. muriendo 4. sirviendo 5. pudiendo 6. difiriendo 7. Hirviéndolo 8. ingiriendo

114 1. me enfurezco / nos enfurecemos 2. instituyo / instituimos 3. reduzco / reducimos 4. amanezco / amanecemos 5. me instruyo / nos instruimos 6. desconozco / desconocemos 7. conduzco / conducimos 8. parezco / parecemos

Les verbes terminés par -**uir** prennent un **y** devant **o, e, a**. Les verbes terminés par une voyelle + **cer** / **cir** font -**zco**, -**zca** (sauf **hacer, decir, mecer, cocer**).

115 1. instruya 2. fluya 3. mezas 4. se cueza 5. reconozca

Mecer et **cocer** sont des exceptions (pas de **zc** devant **o** et **a**).

116 1. **Soy** muy torpe de momento: **me caigo** a menudo. 2. **Me estremezco** cuando **oigo** algunos de los sucesos del noticiario. 3. **Salgo** de noche dos o tres veces a la semana para ir al teatro o al cine. 4. **He** de reconocer que todavía no **sé** si **valgo** o no para este puesto, **supongo** que sí, pero quién sabe... 5. Os **doy** a todos un fuerte abrazo, y espero volver a veros pronto. 6. A lo mejor ya no **quepo** en esta falda después de tantos años sin ponérmela.

117 1. se ponga 2. no me digas - no te traiga 3. sepa 4. valga 5. te caigan 6. quepan 7. nos hayáis dado cita 8. vengas

118 1. sal en seguida 2. vámonos 3. ve a por pan 4. dígaselo/díganselo/decídselo 5. venga/vengan/venid esta noche 6. deténte 7. deshagamos las maletas 8. ven con nosotros 9. hazlo 10. ten

119 1. vendré 2. saldremos 3. me pondré 4. propondrá 5. harás 6. querrás 7. podréis 8. tendré

120 **Había** una ciudad que **me gustaba** visitar en verano. En esa época casi todo un barrio **se iba** a un balneario cercano. Una de las casas abandonadas **era** muy antigua; en ella **habían instalado** un hotel y apenas **empezaba** el verano la casa **se ponía** triste, **iba** perdiendo sus mejores familias y **quedaba** habitada nada más que por los sirvientes. [...] El teatro donde yo **daba** los conciertos también **tenía** poca gente y yo **había invadido** el silencio: yo lo **veía** agrandarse en la gran tapa negra del piano. Al silencio **le gustaba** escuchar la música; **oía** hasta la última resonancia y después **se quedaba** pensando en la que **había escuchado**. Sus opiniones **tardaban**. Pero cuando el silencio ya **era** de confianza, **intervenía** en la música: **pasaba** entre los sonidos como un gato con su gran cola negra y **los dejaba** llenos de intenciones.

121 1. ser 2. ser 3. ser - ser 4. ir - ir - ser 5. ir - ir 6. ser 7. ser - ser 8. ir - ir 9. irse 10. ser - ser

122 1. cupe / cupo 2. detuve / detuvo 3. vi / vio 4. propuse / propuso 5. anduve / anduvo 6. quise / quiso 7. deshice / deshizo 8. dispuse / dispuso

123 En la madrugada **acercó** la lámpara a la pecera y **comprobó** ya sin dolor que el pez telescopio [...] flotaba inerte en uno de los rincones de la pecera. Al principio, cuando **instaló** la pecera, eran doce movedizos pececitos pero, iletrado en aguas, el exceso de comida o alteraciones en la temperatura [...] **redujeron** el lote rápidamente. La pri-

mera muerte **fue** una catástrofe. El señor Pelice **extrajo** el cuerpecito finado, una vez que **comprobó** en forma absoluta que no se movía [...] y **lo depositó** sobre una hoja de hortensia en el medio del escritorio y **lo veló** algunas horas con la lámpara de aceite. [...] No se había aún recuperado de aquella sensible pérdida cuando **murió** un *macropodus opercularis* que **comenzó** boqueando a la superficie y luego **se acurrucó** en un rincón con el vientre hinchado. [...] Así **fueron muriendo** uno tras otro.

124 1. la mantuviera 2. le retuvieran 3. no te expusieras 4. que atrajeran 5. redujera

125 1. hecho 2. disuelto 3. roto 4. vuelto 5. cubierto 6. abierto 7. muerto 8. escrito

126 1. dicho 2. bendecido 3. provisto 4. visto 5. antepuesto 6. resuelto

10 Les modifications orthographiques

127 1. cojo / cogemos 2. distingo / distinguimos 3. me dirijo / nos dirigimos 4. huelo / olemos 5. finjo / fingimos 6. esparzo / esparcimos 7. mezo / mecemos 8. convenzo / convencemos.

128 1. os ruego que os tranquilicéis 2. te aconsejo que lo coloques 3. os pido que carguéis 4. te sugiero que le rices 5. os ruego que me indiquéis

129 1. lancé 2. lanzó - se hizo 3. me caí de bruces - me magullé la cara 4. cayó - se hizo 5. lo averiguamos 6. no averigüé

130 1. cayendo 2. tañendo 3. royendo 4. diluyendo 5. constriñendo 6. creyendo 7. restituyendo 8. riendo 9. bullendo 10. distrayendo

11 Synthèse : emploi des modes et des temps

131 Cada día **son** más los españoles que **se acercan** a alguna asociación de carácter humanitario para colaborar. Juan Antonio Alamarza, del Centro de Voluntariado de Valladolid, **considera** arriesgado dar una cifra al respecto. "Se **suele** hablar de medio millón de voluntarios en términos redondos, pero sin negar que todas esas personas presten algún tipo de ayuda social desinteresada, **son** muchos menos los que se adecuarían a los criterios europeos," **asegura** Alamarza, quien los **fija**, con precauciones, en unos 150.000. La diferencia **estriba** en que, para hacerse merecedores del término *voluntarios*, se les **exige** una cierta continuidad en la tarea y formación específica como tales. "Las cifras **son** claramente inferiores a las de países como Alemania, Francia o Italia, pero no **debemos** perder de vista su tendencia ascendente, en especial en un momento en el que el asociacionismo **tiende** a la baja en nuestro país," **manifiesta** Alamarza.

132 Luego **aparta** con un brazo los objetos que **ocupan** la mesa de la cocina y **apila** cuidadosamente papel de cartas, **prueba** el rotulador, **se predispone** a escribir tantas veces como a desescribir. Finalmente **se decide** [...]. **Levanta** la cabeza. **Olisquea. Deja** el papel y **sale** corriendo hacia la comida convocado por lo que **puede** convertirse en olor a rabo quemado. **Remueve** el guiso de rabo de buey con sepia. Ha llegado a tiempo y lo **aparta** del fuego a la espera de que se calmen los ardores. **Deshuesa** el rabo con precisión cisoria y **vuelve** a juntar la carne con la sepia y la salsa.

133 No **se concede / se concedió** el privilegio de poner la mesa y **se predispone / se predispuso** a comer en la esquina liberada, con una ligera desazón por no respetar la liturgia. Tal vez por eso **come / comió** rápido, como si quisiera cumplir su desconsideración cuanto antes, y **media / medió** una botella de Mauro. Saciado pero no contento. La carta iniciada **le distrae / le distrajo** la voluntad de retirar los platos, ordenar definitivamente el caprichoso amontonamiento de los objetos. **Retoma / Retomó** la carta, **empuña / empuñó** el rotulador, **va / iba** a escribir algo, finalmente lo **deja / lo dejó.**

134 *Les verbes en gras sont à l'infinitif.*
—Vamos (*indicatif présent*) a **seguir** a partir del punto donde nos quedamos (*passé simple*)

ayer. De esta forma, poco a poco, tendrá Vd (*indicatif futur*) tiempo de **hacer** memoria. Podríamos (*conditionnel présent*) **empezar** de nuevo, pero creo (*indicatif présent*) que no vale (*indicatif présent*) la pena, hay (*indicatif présent*) todavía mucho que **decir** para **tratar de aclarar** por el momento los puntos que han quedado (*passé composé*) oscuros. Vamos (*impératif ou indicatif présent*) a **ver**, Vd afirma (*indicatif présent*) que alquiló (*passé simple*) una habitación doble en el Hotel Levante, para una sola noche. Sin embargo, nos consta (*indicatif présent*) que desde el día 17 al 19 hizo Vd (*passé simple*) noche en el Hostal Ramos de Sanponce, a quince kilómetros de aquí. ¿Puede Vd (*indicatif présent*) **explicarlo?**
—Lo cierto es (*indicatif présent*) que llegué (*passé simple*), el día 17 a Sanponce y me alojé (*passé simple*), por tres noches en Hostal Ramos. Si dije (*passé simple*) otra cosa es (*indicatif présent*) porque no creía (*indicatif imparfait*) que tuviera (*subjonctif imparfait*) importancia lo que hice (*passé simple*) durante esos días.

135 1. lo sepan - vayas 2. estén - se acuesten - tengan 3. te parezca - te tragues 4. quiera - pague 5. la seduzcas - le gustes - seas - busques - encuentres 6. los saquemos - caigan 7. acatéis - haya 8. me vengas 9. exija - se reduzca 10. me disculpéis

136 1. lleguen 2. diríjanse 3. vayan 4. facturen 5. registren 6. averigüen 7. refrésquense 8. no se entretengan 9. escuchen 10. júntense

137 1. realizad vosotros mismos - sacad 2. llega puntual 3. pagad 4. construye 5. siéntese 6. dadle 7. vete 8. regad - coged 9. marcad - pegad 10. decidles

138 Yo era el menor de todos pero **tenía** el peor genio, **decían. Disponía** de mi dinerito y con él **me compraba** todo lo que **me daba** la gana. Cosas que **costaban** poco pero que **me hacían** feliz.
Iba al colegio por las mañanas y **jugaba** al fútbol por las tardes. **Se veía** que **valía** porque **venían** mis hinchas a animarme. **Oía** los comentarios y **me crecía** cuando **me parecían** halagüeños. En cambio **me sentía** herido

cuando **me criticaban** porque **me creía** la estrella del equipo.

139 –Muchas gracias, señor Ibáñez. No sé por qué no le **rectifiqué**. No me llamaba Ibáñez [...]. **Debí** corregirle, pero no lo **hice** y **callé** sin darle mucha importancia al asunto. Mi silencio estúpido de aquel momento **fue** el detonante de toda la posterior pesadilla. –¿Qué le pongo, señor Ibáñez? Le **miré**. ¿Me estaba tomando el pelo? [...] Entonces ya no **me atreví** a sacarle del error, demasiado tarde, **me dije**, hubiera tenido que hacerlo el día anterior, cuando **me agradeció** la propina y yo **salí** del bar sin deshacer el equívoco. **Callé**.

140 A Javier, las noticias de Somalia, Bosnia y otros lugares desafortunados del mundo **le tenían** inquieto desde **hacía** tiempo, aunque no **sabía** qué **podía** hacer hasta que **oyó** en la radio a la directora de Ayuda en Acción. Ni corto ni perezoso, **se presentó** en las oficinas de esa organización humanitaria. "**Oí** que **se podía** ayudar con dinero o con algún trabajo, y como yo no **tenía** un duro, pues **vine** a ver si **me podía** ocupar de algo en mi tiempo libre," explica.

141 **Fui** todo un hombre, **se dijo** Felipe, son-riendo. Pero esta vez sí **brindó** por Alicia, antes de llevarse el vaso a los labios. Esta Alicia **tenía** apenas tres años más que la muchacha de Colán y **estaba** empezando sus estudios de Bellas Artes en la Universidad Católica. Y desde Lima, **le escribía** también cartas gordas de páginas que él **correspondía** sin saber muy bien por qué. A veces **relaciona-naba** el asunto con su última visita al Perú, que **había sido** bastante agradable, pero **le era** imposible recordar el nombre del café de Barranco en que Alicia **se le acercó** con el pretexto de que **lo había visto** la noche anterior en la televisión. Felipe **sonrió** cuando ella **le dijo** que **venía** de su exposición y que **estudiaba** Bellas Artes en la Católica mientras **aprovechaba** para sentarse a su lado sin preguntarle siquiera si **estaba** esperando a otra persona.

142 1. Federico García Lorca nació en 1898 y murió en 1936. 2. Esta noche he mirado la televisión hasta las doce. 3. ¿Quién ha roto el cristal esta mañana? 4. Nuestros abuelos supieron ahorrar mejor que nosotros. 5. No sé si los invitados ya han llegado. 6. ¿Cuándo cayó el Muro de Berlín? 7. Ya se lo he dicho varias veces, tenga cuidado. 8. Ocurrió/Pasó el año cuando/en que fuimos a Andalucía. 9. Es un escritor famoso que estudió en Salamanca. 10. Vd se equivocó cuando declaró el año pasado.

143 1. **viniendo** ▷ *proposition gérondive à valeur causale*

2. **oteando** ▷ quedarse + *gérondif : rester à + infinitif*

3. **quedando** ▷ *marque une action postérieure à la principale : et la salle est restée vide*

4. **pudiendo** ▷ *proposition gérondive à valeur causale*

5. **desafinando** ▷ seguir + *gérondif : continuer à + infinitif*

6. **despidiéndoos** ▷ llevar + *complément de temps + gérondif : cela fait quinze minutes que…*

7. **riendo / haciendo** ▷ estar + *gérondif : être en train de*

8. **mintiendo** ▷ *manière : en mentant*

9. **alborotando** ▷ andar + *gérondif (indique en principe que l'agent se déplace ou agit sur des objets différents)*

10. **resbalando** ▷ *en glissant : exprime la manière*

144 1. freído - fritos 2. descalzado - descalzos 3. marchitado - marchitas 4. soltado - suel-tos 5. imprimido - impresos 6. despertado - despierto 7. hartado - hartos 8. corrompido - corruptos

12 Les auxiliaires et semi-auxiliaires

145 1. **No era necesario que añadieras** nada, ya lo habíamos entendido. 2. **Es necesario que te matricules** antes de finales de septiembre como máximo. 3. Era un abuso y **era necesario que lo denunciáramos**. 4. Es necesario que nos unamos todos para evitar la marginación. 5. Si no estáis de acuerdo es necesario que enviéis protestas contra la decisión. 6. Es necesario que los jueces sean más imparciales. 7. Era necesario que fueras a votar cuando las últimas elecciones si querías que cambiaran las cosas. 8. Para detener al general fue necesario que desarmaran a sus guardaespaldas. 9. No será fácil, pero será necesario que el gobierno, gestione el proceso de paz. 10. Fue necesario que él leyera la escena varias veces para recordarla.

146 1. La patronal deberá escuchar a los sindicatos para evitar la huelga.
2. El gobierno debe cumplir sus promesas para mantener la paz.
3. Recuerda que hemos de escrutar los votos el domingo que viene.
4. ¿Tenías que repetírselo/Era menester que se lo repitieras realmente todo al subdirector?
5. El jefe de personal debía estar al tanto/Era necesario que el jefe de personal estuviera al tanto de cuanto ocurría.
6. Mira qué raro, sólo me contestó lo siguiente: hay que ver.
7. Señora, tiene Vd que rellenarme/Es necesario que Vd me rellene esos documentos cuanto antes.
8. Había que emprender la reforma y la emprendimos.
9. Tienes que estar a las tres en punto en el consultorio; sé puntual.
10. Si hace calor será necesario colocar/hará falta colocar los toldos para proteger a los clientes.

147 1. hay que 2. tienen que/han de 3. debe - hay que 4. hay que 5. tuvieron que

148 1. La crisis habría de acarrear un aumento del paro. 2. Deben ustedes denunciar esas injusticias, es su papel como periodistas. 3. He de decirte que la ceremonia no se celebrará hoy. 4. Ya sería hora que entendieras que debes acatar las leyes. 5. Hay que avisarles antes de que despegue el avión.

149 1. deben de 2. debes 3. debieron de 4. debe de 5. debes 6. debe de 7. debe 8. debe 9. debiste de 10. debíamos

150 1. madrugarían 2. deben de estar dormidos 3. serán 4. serían 5. serás 6. debió de decírtelo 7. debió de ser 8. habrá ocurrido

151 1. Habrán llegado tarde porque había bastantes atascos. 2. –¿Qué hora será? –Me parece que serán las doce y diez. 3. ¿Dónde habrá guardado esos documentos? Hace un cuarto de hora que los estoy buscando. 4. Estaría enfermo ayer porque tenía muy mala cara. 5. No habrás tenido bastante gasolina porque se me olvidó repostar.

152 1. suelo trasnochar/tengo la costumbre de/tengo por costumbre... 2. solía silbar/tenía la costumbre de... 3. solemos cenar.../tenemos la costumbre de... 4. no sueles ir de juerga/no tienes la costumbre de... 5. solía leer/tenía la costumbre de... 6. suelen mirar/tienen la costumbre de... 7. solía escuchar/tenía la costumbre de... 8. no suelo estar enfermo/no acostumbro a estar... 9. solían veranear/tenían la costumbre de... 10. no suele hacer frío [pas d'autre forme possible ici]

153 1. Después de varias tentativas, por fin llegó a ser presidente. 2. Era muy tímido, y cuando le confesó sus sentimientos, se puso muy colorado. 3. ¡Dios mío! ¿En qué se han convertido esos paisajes de ensueño? 4. –¿Cómo os habéis hecho tan ricos? –Por nuestro trabajo. 5. Mi abuelo ha envejecido mucho; se ha vuelto iracundo.

154 1. Nos veremos de nuevo 2. jugará de nuevo 3. viví de nuevo 4. consultará de nuevo 5. emprendió de nuevo 6. hablará de nuevo 7. no tomen de nuevo 8. encendí de nuevo

▌On peut remplacer de nuevo par otra vez.

155 1. volveremos a discutirlo/lo volveremos a discutir 2. vuelvas a utilizar 3. vuelve a tocarte/te vuelve a tocar 4. no volverán a molestarla/no la volverán a molestar 5. vuelva a tumbarme/me vuelva a tumbar 6. volvía a estar 7. no volveremos a invitarle/no le volveremos a invitar 8. volvería a estafarle/le volvería a estafar

156 1. siguieron discutiendo 2. estaba amenazando 3. le estoy contando 4. siguieron viniendo 5. le está pidiendo 6. estaban ensayando 7. sigue lloviendo 8. seguía sintiendo

157 1. Cela fait des jours que je ne sors pas parce que j'ai la grippe. 2. Ils ont arrangé toute la maison sauf la cuisine qui n'est toujours pas peinte. 3. J'ai l'impression que cela fait des années que nous ne nous sommes pas vus alors que cela ne fait que quelques semaines. 4. Ne mets pas cette robe : l'ourlet n'est pas fait. 5. C'est bizarre que cette petite fille ne parle toujours pas.

158 1. Se iba maravillando - iba mirando - 2. estaba/venía pidiendo 3. iban regando y limpiando 4. estuvimos discutiendo 5. venían/estaban recogiendo 6. anduvimos visitando 7. me estaba diciendo 8. estaba tonteando

159 1. llevan semanas sin dar... 2. llevamos dos horas esperando... 3. llevaban decenios representando... 4. llevan años peleando... 5. llevamos horas sin tener contacto...

160 1. habéis 2. tengo 3. tiene 4. hayan 5. ha 6. hemos - tiene 7. has - tenía 8. han - tienen 9. tengo - tengo 10. han - haberme

161 1. abandonadas 2. destrozado 3. devuelto 4. puestas 5. removida 6. abiertas 7. arruinados 8. echado

13 Étude contrastive des modes et des temps

162 1. te lo había repetido 2. consiga 3. repunte 4. le premian 5. nos destinen

163 1. Los guías se preguntaban si la excursión les gustaría o no a sus grupos. 2. Si trasladas el bufete a Córdoba, avísame. 3. Si fuera más favorable la coyuntura, invertiríamos en ciertos países. 4. Si era muy tarde, la canguro se pasaba la noche en casa. 5. Si durara menos (tiempo) la travesía, les visitaría más a menudo.

164 1. ¿Cuándo **tendrá** usted tiempo para corregir las pruebas? 2. Cuando **haga** bueno **acometeremos** el revoco. [temporelle au futur] 3. En cuanto **me hayas comunicado** su título, **iré** a buscarte el DVD. [temporelle au futur] 4. En cuanto **hacía** mucho frío, ella **se ponía** faldas con leotardos espesos. 5. Mientras **no me conteste usted**, **no podré** actuar. [temporelle au futur]

165 Verbes au présent du subjonctif pour compléter les phrases
1. alivien 2. estén 3. se incremente - sea 4. dejen 5. cesen
Verbes au passé
1. pidieron / pedían - aliviaran 2. fue - hizo - estuvieran 3. era - se incrementara - hacían - fuera 4. había - dejaran - se podía 5. dijeron - cesaran - aumentarían

166 El policía –El jefe nos ha dicho que de momento le **demos** un consejo: nada de voces. Cualquier cosa que Vd **sepa** nos la ha de decir. Mucho ojo con que **se entere** antes cualquiera que nosotros.
Pepe Carvalho –No quiero que me **den** el Oscar ni el Nobel. Sólo quiero que mi cliente me **pague** y en cuanto **sepa** algo, por descontado que se lo diré en primer lugar al cliente y luego ella decidirá.

167 Había leído que un escritor huido de la URSS maltrató a su hijo durante el último año de convivencia para que **le recordara** con odio y no con añoranza. A su manera había hecho lo mismo. Había apartado al niño de su vida como si **fuera** un estorbo y en pago recibía una adoración mitificadora. Conservaba sus cartas y fotografías como reliquias. Quería que su tía **redujera** las cazadoras del padre para llevar la misma ropa. [...] Más adelante cuando **estuviera** seguro, le haría llamar o tal vez **llegara** tarde y entonces **fuera** el muchacho quien no **quisiera** saber nada de él.

168 1. transcurrieron - se convirtiera 2. les propuso - desanduvieran 3. se pusieron - se viniera 4. - quise - se inmiscuyeran 5. aterrizara - les pidieron - volvieran - se abrocharan

169 Le murmuró al oído a Maruja que esa noche vendría a verla. Le dijo que cuando todos durmieran entraría por su ventana. Ella le pidió que se callara, y añadió que estaba loco. Él le contestó que le juraba que lo haría y le pidió que le dijera cuál era su ventana. Ella le suplicó que la dejara, pero él se negó, diciéndole que no la dejaría hasta que ella le dijera dónde dormía. Ella le preguntó con el aliento perdido qué se había creído y quién se había figurado que era ella.

170 **Style indirect passé :**
Ramón le preguntó a Sol por qué se iba. Añadió luego que no se preocupara, pues ya comprendía que no podía obligarla a la compañía de un hombre inválido y aburrido. Agregó que sólo quería hablar un poco con ella, sentirla cerca de él, ver sus ojos y oír su voz. Terminó diciéndole que no necesitaba dictarle ningún trabajo y que tenía derecho a irse.
Ella le contestó que no sabía cómo podía decir eso, pues le dolía oírle hablar así.
Él le respondió que no se preocupara, que los dos estaban cansados.

Style indirect présent :
Ramón le pregunta a Sol por qué se va. Añade luego que no se preocupe, pues ya comprende que no puede obligarla a la compañía de un hombre inválido y aburrido. Agrega que sólo quiere hablar un poco con ella, sentirla cerca de él, ver sus ojos y oír su voz. Termina diciéndole que no necesita dictarle ningún trabajo y que tiene derecho a irse.
Ella le contesta que no sabe cómo puede decir eso, pues le duele oírle hablar así.
Él le responde que no se preocupe, que los dos están cansados.

14 Le groupe adverbial

171 1. rabiosa y nerviosamente 2. fiel y esmeradamente 3. animosa y dignamente 4. campechana y sencillamente 5. burlona y cómicamente 6. diestra y ágilmente 7. amable y cortésmente 8. tranquila y cuidadosamente 9. atenta y silenciosamente 10. ansiosa, impaciente y agitadamente

172 1. recientemente 2. recién 3. recién 4. recientemente 5. recién 6. recientemente 7. recién 8. recién

Les éléments de relation

15 | Les prépositions

173 1. hacia 2. hasta 3. hacia 4. hasta - hasta - hasta 5. hasta 6. hacia 7. hasta

174 1. en - a 2. en - de - a - a - de 3. en - de 4. a - a - de 5. en - a 6. en - a - en - de 7. en - a - a - de 8. de - de

175 1. A este compañero le conocimos a orillas del mar. 2. Se descompuso al divisar a su padre. 3. Nadie había visto a esa gente en el pueblo antes. 4. A esos guerrilleros los pueden condenar ahora igual que a sus jefes. 5. No irán a someterse a las pruebas antes de ver a un médico. 6. Por poco el camión atropella a los alumnos que se persiguen unos a otros. 7. Aprecian a Saura; no tanto al cineasta como a su hermano el pintor. 8. Claro que hay que acompañar a los niños a clase sobre todo cuando no conocen a nadie.

176 1. –¿**De** quién es este jersey? –**Es de** Pablo. –¿**De** qué es? –Es **de** lana. 2. He comprado vasos **de** plástico, platos **de** cartón, y servilletas **de** papel. 3. –¿**A** qué huele aquí? –Huele **a** quemado. 4. Esta paella sabe mucho/tiene un fuerte sabor **a** azafrán. 5. El barco **de** vela que está **en** el cobertizo era **de** mi abuelo. 6. El tren va **a** salir: subamos rápido **al** coche. 7. Se tiró **al** agua para salvar **al** niño que iba **a** ahogarse. 8. **En** el mes **de** junio, la empresa acogerá **a** los ingenieros alemanes.

177 1. **por eso:** *cause* 2. **para vosotras:** *attribution* - **para facilitaros:** *but* 3. **por mí:** *cause* 4. **para el verano:** *date envisagée par avance* 5. **por 15.000 euros:** *échange* 6. **por deshonrado:** *cause* 7. **por liebre:** *échange* 8. **para Barcelona:** *destination* 9. **por esas callejuelas:** *déplacement* - **por lo poco seguras que son:** *cause* 10. **para vigilar el banco:** *but*

178 1. por 2. por - por 3. por - para 4. por 5. por - por 6. por 7. para - para - por 8. para 9. por - para 10. por - para - para

179 Esta vez decido coger un taxi **para** ir a la estación y me deja allí **por** unos quince euros. Voy a la taquilla **para** sacar el billete **para** Ma-

drid. Me gusta coger el tren **para** hacer viajes cortos. El revisor pasa **para** averiguar que no necesitamos nada. Encuentro **por** casualidad a un antiguo compañero y vamos al coche restaurante **para** cenar juntos. **Para** él como **para** mí es un encuentro inesperado.

180 Para llegar **a** aquel punto **del** río Dieter debió **de** salir **por** la salida 6 **de** la autopista, ir **a** buscar la carretera general **en** dirección **a** Barcelona y luego encapricharse **por** un dédalo **de** caminos **de** carro. O lo que aún era más absurdo: salir **por** la 5 e ir contradirección hacia Gerona. No cabía la explicación **de** haber buscado un lugar **para** tomar un bocadillo porque había comido.

181 1. bajo 2. ante 3. debajo del 4. delante de 5. tras 6. detrás de 7. bajo 8. ante

182 1. en - de - al 2. al - a - para - de 3. con 4. por - en - a - para - al 5. en - en 6. a - de 7. de - del 8. para - al - en - de

183 1. por - de - a 2. con - en - con - en 3. de - de - a 4. de - de 5. para - a 6. de - con - con - en - a 7. a - por - en 8. en - con 9. después de - de - en 10. en - de - de

184 Miré mi reloj : 22.30. **Frente a** mí una vieja arreglaba el tabaco y los caramelos **de** su quiosquillo. Saqué dos billetes **de** 100 pesetas y los coloqué **entre** el Winston **de** contrabando. Sus ojos turbios se inmovilizaron.
–Busco **a** una mujer gorda –sus ojos no dejaron **de** observar el dinero. Su rostro blanco se alzó unos centímetros. Repetí: Una mujer muy gorda. Hace un momento ha bajado la calle. Alargó una mano, tomó los billetes y los hizo desaparecer **bajo** su vestido negro.
–¿Gorda? –su voz parecía nacer **en** el estómago, subir **con** dificultad **por** la traquea y deslizarse **por** las encías **sin** dientes **hasta** caer **al** suelo.
Me incliné **hacia** ella.
–Sí, muy gorda.
Un dedo, semejante **a** la pata **de** un gorrión flaco, señaló la calle **de** la Puebla.

185 1. con - de 2. de - a. 3. por 4. por - del 5. de 6. por - por 7. en 8. a 9. sin 10. de

186 1. Tengo que estar en la consulta del médico a las seis. 2. No se te olvide pasar por la charcutería para recoger el pedido. 3. Saldremos de vuestra (su) casa hacia las doce. 4. Seguían viviendo en casa de sus padres. 5. En nuestra tierra, en Argentina, la soja está invadiéndolo todo.

16 Les conjonctions de coordination

187 1. ó 2. o - y 3. e - y 4. e - y - e 5. y - y 6. u 7. o - o 8. u

188 1. Tengo prisa, **pero** iré a buscarte. 2. Eso **no** se llama comer **sino** engullir. 3. Esta maleta no está llena, **pero** pesa una tonelada. 4. Te equivocas : **no** es pianista **sino** guitarrista.

5. No han firmado nada **pero** han dado su palabra. 6. **No** coge nunca el avión **sino** el tren cada vez que puede. 7. **No sólo** me entristece **sino que** me sorprende que se porte así. 8. De momento Carmela **no** está en Sevilla **sino** en Cádiz.

189 1. pero sí 2. sino que 3. sino 4. sino 5. pero 6. pero 7. sino 8. pero sí 9. sino que 10. sino

190 1. Tu sobrino es un asceta: no fuma, ni bebe. 2. Ni él, ni ella estaban al tanto de la situación. 3. Es vegetariano : no come carne, ni pescado, ni siquiera huevos. 4. Nos las arreglaremos solos ; no queremos ayuda, ni enchufe. 5. Ni unos ni otros estaban dispuestos a renunciar a pesar de los riesgos.

La phrase

17 | La phrase simple

191 1. ¡Vaya ambiente! ¡**No** se divierte **nadie** aquí! 2. Será un superhombre: **no** comete **nunca** errores, **no** tiene **nunca** ninguna duda/**nunca** tiene duda **alguna**. 3. La casa estaba iluminada; entramos y preguntamos si había alguien, pero **no** nos contestó **nadie**. 4. No me gusta esta tienda porque **no** te atiende **nunca** nadie cuando lo necesitas. 5. Cuando estoy angustiada, **no** me relaja **nada** tanto como contemplar el mar. 6. El anciano **no** se animaba **nunca** tanto como cuando venían a visitarle sus nietos. 7. **No** se inmutó **nadie** cuando el avión empezó a tambalearse. 8. **No** se presentó **ningún cliente** a pesar de la oferta.

192 1. Lo siento; **no** nos queda **más que** una habitación que da a la calle./**Sólo** nos queda una habitación que da a la calle. 2. **No** podremos recibiros **antes de** quince días./**Sólo** podremos recibiros dentro de quince días. 3. La tienda **no** abre **antes de** las cuatro./La tienda **sólo** abre a las cuatro. 4. Finalmente el coche de línea **no** tendrá **más que** veinte minutos de retraso./Finalmente el coche de línea **sólo** tendrá veinte minutos de retraso. 5. En general **no** escucha **más que** rock./**No** suele escuchar **más que** rock./En general **sólo** escucha rock./**Sólo** suele escuchar rock.

193 1. Las obras **no** estarán terminadas **hasta** el lunes/**antes** del lunes. 2. Por tener prisa, mi padre **no** coge **más que** el avión/**no** coge **sino** el avión. 3. En este banco, **no** reanudan el trabajo **antes de** las tres. 4. Sigue muy delicado; **no** se asoma a la calle **más que** una vez a la semana. 5. La tesina, **no** la entregaré **sino** dentro de tres meses./**No** la entregaré **antes de** tres meses. 6. El tren de noche **no** lleva **más que** literas. 7. Muchos **no** gastan **sino** a principios de mes después de cobrar. 8. La familia **no** se reunirá **hasta** las vacaciones de verano.

194 1. ¿Cuántos años tiene usted/tienes? 2. ¿Dónde veranearán ustedes/veranearéis? 3. ¿A qué hora entregan la leche? 4. ¿Adónde vais/van ustedes? 5. ¿Cómo se encuentra usted/te encuentras? 6. ¿Para qué quieres

las fotos? 7. ¿Cómo va usted/vas al colegio? 8. ¿Qué móvil escogéis/escogen ustedes?

195 1. ¿Para cuándo ha reservado usted/has reservado la habitación? 2. ¿De dónde vienen estos fresones? 3. ¿Cómo vinisteis/vinieron ustedes? 4. ¿A quién viste/vio usted? 5. ¿De quién es el monopatín? 6. ¿Cuánto se tarda en tren? 7. ¿Por qué no le contestaste/no le contestó usted ?

196 1. encuentres 2. se celebre 3. sea 4. se cierren 5. tenga - me equivoque 6. te avergüenza 7. empaten 8. consigamos

197 1. ¡Qué largo les parecía el Camino de Santiago a los romeros de la Edad Media! 2. ¡Cuánto tiempo duran las obras de la Sagrada Familia! 3. ¡Qué difícil de encender resulta este hornillo de petróleo! 4. ¡Cuántas manzanas se echaron a perder por el calor y la humedad! 5. ¡Qué bien está lo que has hecho! 6. ¡Cuántos necesitados pasan hambre hoy día! 7. ¡Qué gusto da veros! 8. ¡Qué mal siguen viviendo los damnificados!

198 1. Date cuenta de lo bien que salta este atleta. 2. Fíjate en lo barato que es este armario. 3. Recuerdo lo bien que lo pasábamos/qué bien lo pasábamos juntos. 4. Mirad lo altos que son/qué altos son estos andamios. 5. Me acuerdo de lo bien que dibujabas cuando eras pequeña. 6. Se queja de lo lejos que queda la estación.

199 1. sean - cometan 2. encuentren 3. dé 4. recorten 5. se reactive 6. pueda 7. os repongáis

200 1. fuera - siguiera 2. conociera 3. intervinieran 4. escarmentara - cometiera 5. se aprovechara 6. se cumpliera

201 1. ¡Ojalá estén todos sanos y salvos! 2. ¡Ojalá me hubieras prestado/me prestaras esa cantidad de dinero que me era indispensable! 3. ¡Ojalá puedan hacerse hoy a la mar los pesqueros! 4. ¡Ojalá encontrara un patrocinador para exponer sus esculturas! 5. ¡Ojalá mejore el tiempo y se celebren las competiciones! 6. ¡Ojalá lo hubiéramos sabido/lo supiéramos, hubiéramos aprovechado esa oferta! 7. ¡Ojalá les reembolse el seguro los daños provocados por el incendio! 8. ¡Ojalá no hubiera dimitido usted de la noche a la mañana!

202 1. os gustan - os apetece 2. le ha tocado 3. le duelen - me duele 4. me sabe mal 5. se nos ha olvidado

203 1. No me apetece vendimiar este año. 2. A nuestro antiguo jefe le gustaba controlar todos los documentos y rubricarlos. 3. ¿Te duelen los dientes o haces como si (te dolieran)? 4. Nos encantó volver a ver a nuestros primos de América. 5. A la gente le gusta comprar por comprar, de allí el éxito de las rebajas. 6. –¿Os dan miedo los ratones? –No, pero no nos gustan mucho esos bichitos. 7. A la cantatriz le dolía demasiado la garganta para cantar. 8. Este verano nos apetece descubrir las islas griegas.

204 1. hubo 2. hay 3. hace 4. hay 5. hacía 6. hubo 7. hará 8. hubo

205 1. desde 2. hacía 3. hará 4. desde hacía 5. hace

206 1. –Fue Antonio Muñoz Molina quien escribió la novela *Plenilunio*. 2. –De momento, es a Javier Bardem a quien prefiero. 3. –Fue a Florinda la Cava y al rey Rodrigo a quienes evocó la profesora de Historia ayer. 4. –Fue al juez de primera instancia a quien le pidieron que levantara acta. 5. –Para el subdirector y su equipo es para quienes son las fotocopias. 6. –Por un ex activista italiano fue por quien se comprometió aquella escritora. 7. –A lo mejor el gimnasta Gervasio Deferr es quien parece capaz de pasar a la historia. 8. –Con los responsables de la biblioteca será con quienes organizaremos la proyección de los documentales.

207 1. **Es en las playas del Mediterráneo donde** han varado centenares de medusas. 2. **Por el vado es por donde** cruzarán el río. 3. **Fue en 2004 cuando** Javier se graduó de abogado. 4. **Desde lo alto del acantilado era desde donde** solía contemplar el océano. 5. **A Zaragoza es adonde** acaban de destinarnos por dos años. 6. **Fue registrando detenidamente la casa como** Ana encontró

un tesoro. 7. **Por no haber escuchado** bastante la lección **fue por (lo) que** tuvieron que repasar más. 8. **Al atardecer era cuando** a mi abuelo le gustaba jugar al ajedrez.

208 1. Dice una leyenda que pactando una chica con el diablo **fue como** se construyó el acueducto de Segovia. 2. **Fue** en 1895 **cuando** Sabino Arana fundó el PNV (Partido Nacionalista Vasco). 3. **Fue** José Luis Rodríguez Zapatero **quien** nombró por primera vez a una mujer como Ministra de Defensa. 4. En París **fue donde** vio la luz la Unión por el Mediterráneo. 5. Por el precio de la vivienda **es por (lo) que** muchos jóvenes no pueden independizarse de sus padres.

209 1. En el barrio del puerto fue donde hubo más obras. 2. ¿Es para usted o para mí para quién se ha alquilado esta bicicleta? 3. En otoño es cuando hay que visitar Extremadura. 4. Por querer ser independiente a toda costa fue por (lo) que aceptó ese trabajo. 5. Fue por haber actuado muy bien por (lo) que el director de escena les felicitó.

> *Deux constructions sont possibles **pour toutes ces phrases**.*
> En el barrio del puerto fue donde hubo más obras./Fue en el barrio del puerto donde hubo más obras.

18 | La phrase complexe

210 1. siga - baste – cambiaran 2. permitirá - evolucione - mejore - reflexione - 3. saliera - permitiera - se redujeran - se firmaran 4. se regularice - se pudiera - eche

211 1. aplace 2. agilizara 3. apuestes 4. le transfiriera 5. le adiestráramos 6. se dirigieran 7. vacilarais 8. nos exhibamos

212 1. El asesor les dijo que invirtieran en acciones más rentables. 2. Te digo que ese periódico no es de fiar. 3. El médico le aconsejó que se pusiera a régimen. 4. Estimados clientes, les rogamos que nos precisen la fecha de su llegada. 5. Hay problemas de abastecimiento y ella me escribe que le mande víveres. 6. Nos ha tranquilizado: nos ha escrito que todo iba bien. 7. Las autoridades les prohibieron a los reporteros que filmaran los acontecimientos.

213 1. quieren 2. haga - diga 3. cancelen 4. estaban 5. contaminen 6. cojan 7. cobra 8. lo pierdan

214 Según Daniel Goleman, psicólogo norteamericano, los triunfadores del siglo xxi no serán los que más idiomas **hablen**, más currículos **acrediten** o mejor aspecto **presenten**. Serán los que, además de ser listos en el sentido clásico de la palabra, **demuestren** ser empáticos, **tengan** dominio de sí mismos, **manifiesten** templanza y perseverancia, **sean** capaces de entusiasmarse. Serán aquellos que **sepan** ganarse a sus empleados, **les motiven, les impliquen** en la empresa común, **les escuchen.**

215 1. les saliera 2. encuentres 3. sufran - se hallen 4. estuvieran 5. os parezcan 6. generara 7. mejoren 8. le conviniera 9. sepa 10. tengan

216 1. cuando volvió 2. cuando den 3. cuando te vayas 4. cuando se difundió 5. cuando se ponga 6. cuando sacó 7. cuando empiece 8. cuando descubrió

217 1. recibamos 2. tuerzas 3. anochezca 4. quiso 5. se atenuara 6. lograra 7. se enfrascaba - reapareciera 8. saliera

218 1. alcancemos 2. cerró 3. aparezca 4. se puso 5. terminaran 6. bajó 7. se digne(n) 8. rompió 9. consiguiera 10. contrajo

219 1. En cuanto oigáis la sirena, salid corriendo. 2. Cuando estemos en agosto, muchas tiendas estarán cerradas. 3. Cuando todo esté listo, avísame. 4. Antes de que subiera el mar, los voluntarios se dieron prisa en limpiar la playa. 5. Tan pronto como el capataz salía del taller los obreros se sentían más a gusto. 6. Después de escuchar el telediario, apagó el televisor. 7. Cada vez que es plenilunio, se habla de los hombres lobos. 8. Cuando las obras de modernización empezaron, pareció escéptico; pero en cuanto todo acabe, vendrá a darles las gracias.

220 1. Porque malgastaba el dinero... 2. Porque estás plagado de deudas... 3. Porque ha recorrido medio mundo y ha vivido en varios países... 4. ...porque era eficiente, dinámica y tenía mucha iniciativa. 5. Porque no cobro bastante en esta empresa... 6. Porque está aquí de meritorio... 7. Porque acudo a un cursillo... 8. ... porque tenía problemas respiratorios.

221 1. El espectáculo **era** tan **aburrido que** nos fuimos cuando el descanso. 2. A la hora punta, hay **tanta gente** en el metro **que** a veces es imposible subir. 3. Es una chiquilla **tan despabilada** para su edad **que** se las arregla sola. 4. El barco cabeceaba **tanto que** los pasajeros se marearon. 5. El éxito de la feria es **tal que** ésta durará más tiempo. 6. El cuadro se había caído **tantas veces que** por fin lo descolgué. 7. Trabajaba **tan rápido que** siempre terminaba primero. 8. Sus marcas son **tales que** un gran club acaba de ficharle.

222 1. se fuera 2. repunte 3. presionaran 4. cunda 5. se recupere 6. rescinda 7. consigan

223 1. Es tan fácil la prueba que **por muy** poco **que repasen**, saldrán bien. 2. **Por muy** rápidos **que fueron** los ciclistas españoles, no lograron ganar la etapa de ayer. 3. Salvador está muy agitado, y **por mucho que te esfuerces**, no conseguirás sosegarle. 4. **Por muchos** idiomas **que hablaba**, no encontró trabajo como traductora. 5. **Por muchas** ganas **que tienes/tengas** de comprarte semejante cochazo, nunca conseguirás ahorrar bastante. 6. **Por muy** animosos **que** eran, renunciaron a revocar la casa solos. 7. **Por mucho que se prolongue** la huelga, no cederá la patronal. 8. **Por muy** lejos **que quede** la ermita, iremos andando. 9. **Por mucha** hambre **que pasa**, sigue con la dieta. 10. **Por muchos** observadores extranjeros **que presencien** las elecciones, habrá fraude.

224 1. han dado 2. lo hubieras visto - me lo contaras 3. había prometido 4. se desencadene 5. salgáis 6. se ponga 7. fuera 8. despegó 9. le regañes 10. procuremos

225 1. Cualquiera que sea la cosa/cualquier cosa que haga usted, hágala bien. 2. Por mucho que chilles no te oirán, están demasiado lejos. 3. Aunque ha evolucionado la condición femenina, queda mucho por hacer en el mundo. 4. Aunque la gente ha tomado conciencia de los problemas ecológicos, sigue bastante pasiva. [*Ici on maintient l'indicatif, car il s'agit d'un fait réel ; les gens ont pris conscience.*] 5. Por mucho que multiplicaban los mensajes tranquilizadores, la población seguía difícil de convencer. 6. Aunque la alfabetización ha sido una prioridad en este país, los iletrados siguen demasiado numerosos. 7. Por numerosas que habían sido las ventajas sacadas por el país por su integración en la UE, los habitantes no parecían proeuropeos. Por muchas ventajas que había sacado 8. Aun cuando todo estuviera automatizado, todavía se necesitarían hombres para mantener las máquinas.

226 1. abandonan 2. siguen 3. ejerciera 4. fuera - tuviera 5. eres

227 1. como no estés 2. como le interrumpáis 3. como suscriba Vd 4. como no le satisfaga 5. como no coloquéis 6. como no tengamos cuidado 7. como no clasifiquéis 8. como no reduzcan

228 1. si hubiéramos recibido 2. si no tuviéramos 3. si volviera 4. si acataras 5. si no fuera 6. si nos hubiera/hubieran indicado 7. si dispusiera 8. si no creyeran 9. si anduvieras 10. si se suspendieran

229 1. Si hubiera tenido un móvil, hubiera podido avisarle a usted a tiempo./De tener un móvil, le avisaba a usted a tiempo. 2. Si usted traspasara la tienda, cobraría mucho dinero, pero después se aburriría. 3. Si no te atreves a utilizarlo, pregúntale cómo funciona su ordenador portátil. 4. Si nos lo permiten, podremos visitar esta fábrica de reciclado la semana que viene. 5. Las autoridades sabían que los diques cederían si arreciaba el viento.

230 1. venía indicado/viene indicado 2. interviniera 3. lo habían previsto 4. se lo enseñaba 5. supiera 6. se lo habíamos recomendado 7. se diluyan 8. haya podido

231 1. Cuanto menos te ejercites, menos progresarás. 2. Cuantas más prácticas proponga usted a sus empleados, más se involucrarán en su trabajo. 3. Cuantas menos tensiones haya con los sindicatos, más fácil será la negociación. 4. Cuantos más esfuerzos haga la RENFE para que los trenes lleguen puntuales, más clientes tendrá. 5. Cuanto menos reacciona usted ante sus provocaciones, más se aprovecha.

232 1. El baobab es el árbol más alto que se conoce. 2. ¡Vámonos! Es más tarde de lo que yo pensaba. 3. Las afueras no son tan conflictivas como dicen (se dice). 4. Este piloto es el más eficiente que la compañía ha contratado. 5. A pesar de su minusvalía, andaba tan rápido como podía. 6. Este rascacielos es el más caro que se ha edificado/construido. 7. La solución era mucho más difícil de encontrar de lo que parecía. 8. Se dieron cuenta de que había más obras que hacer de las que habían imaginado.

233 1. Este asunto es **más/menos** peliagudo **de lo que** supones. 2. Alberto era mucho **más/menos** ingenioso **de lo que** aparentaba. 3. He comprado muchas **más** manzanas **de las que** me habías dicho porque habían bajado de precio más de lo previsto. 4. Desgraciadamente muchos ancianos disponen de bastantes **menos** recursos **de los que** creían antes de jubilarse. 5. –Mira, lo siento, necesito **más** tiempo **del que** pensaba para arreglarte el piso. –No te preocupes, soy **menos** exigente **de lo que** te imaginas. 6. Gozamos de **más/menos** ventajas **de las que** se cree, y de **menos/más** inconvenientes **de los que** nosotros mismos creemos. 7. Le han otorgado **menos** subsidios **de los que** le hacían falta y está plagado de deudas. 8. Los entrenadores estuvieron bastante decepcionados porque el atleta corría mucho **menos** rápido **de lo que** presumía. 9. Ten cuidado porque el coche que acaban de lanzar es bastante **menos** seguro **de lo que** anuncian. 10. Después de las pruebas orales, algunos estudiantes pensaron que habían tenido **más/menos** suerte **de la que** se merecían.

PAPIER À BASE DE
FIBRES CERTIFIÉES

Hatier s'engage pour
l'environnement en réduisant
l'empreinte carbone de ses livres.
Celle de cet exemplaire est de :
500 g éq. CO_2
Rendez-vous sur
www.hatier-durable.fr

Achevé d'imprimer par Macrolibros à Valladolid - Espagne
Dépôt légal : 93451-3/12 - Novembre 2021